Liebe Kinder,

wenn Ihr das erste Türchen Eures Adventskalenders geöffnet habt, beginnt wie jedes Jahr wieder das schrecklich aufregende Warten auf den Weihnachtsabend mit seinen vielen kleinen und großen Überraschungen. Damit Euch die Zeit bis dahin nicht allzu lang wird, haben wir für Euch viele tolle Bastelideen zusammengestellt – bunten, glänzenden Schmuck für Fenster und Christbaum, nützliche und originelle Geschenke für Eure Familie und Eure Freunde und dazu die schönsten weihnachtlichen Verpackungen.

Vorlagen in Originalgröße und genaue Anleitungen machen das Basteln kinderleicht – Ihr könnt alles selber anfertigen! Ganz wichtig sind natürlich noch Eure eigenen Ideen, zum Beispiel für besonders hübsche Verzierungen oder neuartigen Weihnachtsschmuck.

Tips dazu findet Ihr immer am Ende der Anleitungen. Auf den letzten Seiten gibt es dann noch kurze anschauliche Erklärungen zum Umgang mit Werkzeugen und verschiedenen Materialien.

Setzt Euch doch einfach mit einigen Freunden gemütlich zusammen und bastelt alle gemeinsam die schönen Dinge aus diesem Buch. Wenn Ihr Euch dabei gegenseitig helft, vergeht die Zeit plötzlich ganz schnell, und schon ist das Weihnachtsfest da.

Viel Spaß und Erfolg beim Basteln wünscht Euch

Christine Pfeiffer

Inhalt

Geschenkideen zum Selbermachen	6
Wenn die Tage kürzer werden	42
Schönes für die Adventszeit	74
Rund um den Weihnachtsbaum	104
Weihnachtskrippen	132
Gewußt wie?	154

Geschenkideen zum Selbermachen

GESCHENKIDEEN ZUM SELBERMACHEN

Moosherzen und Mooskugeln

Moos ist eine kleine wurzellose Pflanze, deren Grün lange hält.

Du brauchst:
getrocknete Moosflecken
Zeitungspapier
Styroporkugel, Durchmesser 10 cm
Kreppband
Trockenblumen und Gräser
Schleifen und Bänder
kleine Muscheln
Blumenstieldraht oder Steckkrampen,
Bouillon- oder Wickeldraht
Klebstoff
Schere
umweltfreundlichen Haarspray

An der Wand hängende Moosherzen (rechte Seite) sind ein schöner Blickfang in jedem Zimmer. Die geschmückten Mooskugeln wirken auch als Dekoration in einer Schale sehr apart.

Moosherzen und Mooskugeln sind einfach zu basteln. Ob als Schmuck an der Wand oder als Dekoration in einer Schale, Moosherzen und Mooskugeln sind ein schöner Blickfang.

So wird's gemacht:

1. Beim nächsten Waldspaziergang sammelst du Moosteile und legst sie zum Trocknen aus. Auch in den Gärtnereien oder im Blumenladen bekommst du solche Moosstücke.
2. Für die Moosherzen brauchst du zuerst eine Grundform aus Zeitungspapier. Raffe dazu vier bis fünf Zeitungsseiten zu einem Wulst und wickle diese in ein großes Zeitungsblatt ein.
3. Biege die Enden nach innen und halbiere den Wulst.
4. Drücke deine Herzform noch etwas in Form und halte sie mit Kreppband zusammen.
5. Bestreiche eine Herzhälfte mit Klebstoff und beklebe sie mit einem großen Stück Moos. Das gleiche machst du mit der zweiten Herzhälfte.
Danach werden die noch offenen Stellen mit kleinen Moosstückchen abgedeckt.
Eine Styroporkugel kann genauso mit Moos überklebt werden.
6. Wenn die Formen ganz mit Moos abgedeckt sind, umwickle das Herz oder die Kugel mit farbigem Wickeldraht, oder spanne Bouillondraht darüber.

So verzierst du:

Erlaubt ist, was gefällt; ob Trockenblumen, Beeren, Gewürznelken, Zimtstangen, Efeuranken oder Lorbeerblätter. Pfiffig wirken auch kleine Spielsachen und Muscheln. Die Muscheln werden aufgeklebt, und die Trockenblumen steckst du mit Hilfe von Krampen an das Moos. Statt der Krampen kannst du Blumenstieldraht zu kleinen Bögen biegen und zum Anstecken verwenden. Mit Haarspray eingesprüht halten die Trockenblumen und das Moos besser zusammen.
Die Schleifen sind übrigens nicht geknotet, sondern sind nur zu Schlaufen gelegt und mit Draht zusammengehalten.

GESCHENKIDEEN ZUM SELBERMACHEN

GESCHENKIDEEN ZUM SELBERMACHEN

Wohlriechende Duftsäckchen

Sie werden heimlich versteckt. Jeder riecht sie und freut sich über den schönen Duft.

Du brauchst:
für das Duftsäckchen:
Stoffreste aus Baumwolle oder Seide, 30 x 40 cm
großen Kuchenteller
Duftmischung
evtl. Duftöl
etwas Watte
passende Bänder
Perlen oder Trockenblumen
Gummiringe
Bügeleisen
Schere
Bleistift

für den Duftengel:
Holzkugel, Durchmesser 3,5 cm, mit einer Öffnung
breite Goldschleife
Flachs oder gelbe Wolle
Zahnstocher
Buntstifte

Ein hübsches und angenehmes Geschenk, das nicht nur gefällt, weil es lieb aussieht. Ein Duft aus Minze, Lavendel oder Rosen hinterläßt zwischen Kleidern und Wäsche das ganze Jahr einen angenehmen Geruch.
So erinnert man sich auch lange nach Weihnachten an ein ganz persönliches Geschenk von dir. Immer, wenn der Schrank geöffnet wird, denkt man an dich.

So wird's gemacht:

Die Grundform für das Säckchen ist ein Stoffkreis.
1. Zuerst wird der Stoff glatt gebügelt.
2. Lege den großen Teller auf die Stoffrückseite und zeichne den Tellerrand nach.
3. Schneide diesen Stoffkreis mit einer Schere vorsichtig aus.
4. Jetzt werden zwei Eßlöffel der feinen Duftmischung in die Mitte des Stoffes gehäuft. Schlage den Rand des Stoffkreises nach oben und fasse den Stoff zu einem Säckchen zusammen.
5. Damit das Duftbündel schön rund wird, stopfe noch etwas Watte hinein.
6. Verschließe das Säckchen fest mit einem Gummi, dann fällt nichts heraus.

So verzierst du:

Eine passende Schleife, die den Gummiring verdeckt, darf nicht fehlen. Hübsch wirken auch Spitzenbänder oder Kordeln.
Zusätzlich kannst du noch eine Trockenblume oder kleinen Weihnachtsschmuck mit in die Schleife stecken.
Besonders edel wirken aufgefädelte Perlen, die um das Säckchen geschlungen werden.

Reicht der Stoff nicht für einen Kreis, rolle die Duftmischung ein und binde beide Enden wie ein Bonbon zusammen.
Für den Duftengel klebst du auf eine passende Holzkugel Wollhaare und malst ihm ein hübsches Engelsgesicht. Die Öffnung der Kugel zeigt nach unten, denn damit wird sie später auf dem Säckchen befestigt.
Klebe einen Zahnstocher in diese Öffnung und stecke die bemalte Holzkugel einfach in das Duftsäckchen.
Eine Schleife als Flügelpaar bindest du mit einem dünnen Band an das Säckchen.

Duftmischungen

Duftmischungen gibt es zu kaufen oder du mischst sie selbst. Sammle dafür Pfefferminze, Orangen-, Zitronenschalen, Lavendel, getrocknete Wiesenblumen, Rosen, Kiefernnadeln, Gewürze wie Nelken, Zimtstangen, Rosmarin oder Thymian.
Verwende alle Zutaten nur gut getrocknet:
Breite dazu die frischen Orangenschalen auf einem Teller aus und stelle sie etwa eine Woche an einen warmen Ort. Für Minzduft nimmst du einfach Teeblätter. Die Gewürze stehen sicher bei euch in der Küche.
Lavendelblüten müssen nicht mit anderen Zutaten gemischt werden. Sie haben genug eigenes Aroma, sie ohne weitere Zutaten zu verwenden.

Auf der Rückseite eines Stoffrestes zeichnest du den Tellerrand nach. Für das Duftsäckchen schneidest du diesen Stoffkreis vorsichtig mit einer Schere aus.

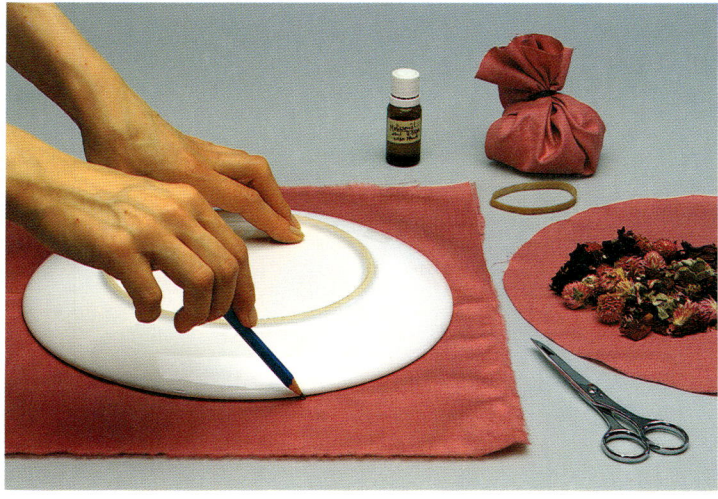

GESCHENKIDEEN ZUM SELBERMACHEN

Besonders wohlriechend wird deine Kräutermischung, wenn du noch einige Tropfen Duftöl oder Parfüm dazugibst. Bereite deine Duftmischung nach den vorgeschlagenen Rezepten zu oder gehe bei den Zutaten einfach deiner Nase nach. Aromatisierte Früchtetees lassen sich beliebig vermischen mit Zimt, Zitronenschalen, Gewürznelken oder getrockneten Blumen. Schabe mit dem Messer wohlriechende Seifen ab oder gib einen Eßlöffel Badesalz zu den Mischungen und schon erhältst du neue Duftkombinationen.

Auch deinem Hund oder deiner Katze kannst du ein Duftsäckchen in das Körbchen legen. Besorge dazu aus der Apotheke ein kleines Fläschchen Eukalyptusöl und beträufle damit eine Handvoll Holzspäne. Der Eukalyptusgeruch wirkt als natürliches Abwehrmittel gegen Flöhe und Ungeziefer. Binde das Duftsäckchen fest zusammen und lege es unter das Kissen deines Haustiers.

Würzige Duftmischung
- 1 getrocknete Orangenschale
- 2 Zimtstangen
- 10 Nelken
- einige Kiefernnadeln

Brich alle Zutaten in kleine Stücke

Zarte Blütenmischung
- 1 Handvoll Heublumen
- 1 getrocknete Zitronen- oder Orangenschale
- 2 Rosenköpfe
- 1 Zweig getrocknete Pfefferminze
- 3 Tropfen Duftöl, z. B. Rosenöl

Dufte Geschenke, die die Nase angenehm betören: Die bunten Duftsäckchen und der Duftengel enthalten wohlriechende Kräutermischungen. Mit einigen Tropfen Duftöl oder Parfüm beträufelt verströmen sie das ganze Jahr einen sympathischen Geruch, sowohl zwischen Kleidern und Wäsche im Schrank als auch in jedem anderen Raum.

GESCHENKIDEEN ZUM SELBERMACHEN

Spanschachteln mit süßer Überraschung

Du brauchst:
Spanschachteln
Malkasten
Plakagoldfarbe
Mattlack
Flachpinsel
Küchentuch
kräftige Schere
Bleistift
Klebstoff

für die Spandose mit Tortenspitze:
goldene Tortenspitze

für die Spandose mit Metallfolie:
Metallfolie, 0,5 mm stark, kupfer- oder messingfarben
leer geschriebener Kugelschreiber
Stricknadel
Zeitungsunterlage
weißes Schreibpapier
Klebestreifen

für die Spandose mit Faltschnitt:
Alubastelfolie
kleine Schere

für die Spandose mit gepreßten Blumen:
gepreßte Blumen und Blätter
alten Katalog
Pinzette
selbstklebende Klarsichtfolie

Spanschachteln eignen sich ganz besonders, um kleine Geheimnisse sicher zu verwahren.

Hier findest du viele Anregungen, wie unterschiedlich Spandosen gestaltet werden können. Die Freude über das Geschenk ist groß, wenn man die Dose schön verziert und mit leckeren selbstgemachten Pralinen füllt.

So wird's gemacht:

Zuerst bestreichst du die Spandosen mit Wasserfarbe.
1. Rühre dir dünnflüssige Malkastenfarbe an. Probiere die Farbe zuerst in der Deckelinnenseite aus. Sie sollte nicht zu kräftig sein und zu deiner späteren Verzierung passen.
2. Jetzt streichst du Dose und Deckel mit einem breiten Pinsel an. Überschüssige Farbe wischst du am besten mit einem Küchentuch ab.
3. Die Spanschachtel erhält einen leichten Goldschimmer, wenn du auf ein Küchentuch etwas Goldfarbe pinselst und damit über die Dose wischst.
4. Nach dem Trocknen lackierst du die Dose innen und außen mit Mattlack.

Spandose mit Metallfolie

1. Suche ein schönes Motiv aus den vorgegebenen Schablonen

Ein wohlschmeckender Augenschmaus (rechte Seite): Runde und herzförmige, kleine und große Spanschachteln, verziert mit gepreßten Blumen und Blättern, mit Bärchen und Glocken aus Metallfolie, sind mit süßen Leckereien gefüllt.

GESCHENKIDEEN ZUM SELBERMACHEN

GESCHENKIDEEN ZUM SELBERMACHEN

Damit du richtig fachmännisch mit Metallfolie umgehst, lies dir zuerst **Gewußt wie?** *auf Seite 156 durch.*

Ein Bärchen prägst du auf Metallfolie, indem du zuerst das Motiv auf Seite 15 mit Papier überträgst. Mit einem Kugelschreiber drückst du die Papiervorlage auf die Rückseite der Metallfolie. Das geprägte Motiv schneidest du dann einfach mit der Schere aus und klebst es auf die Spandose (unten).

aus. Überprüfe, ob es auf den Deckel deiner Spandose paßt.
2. Übertrage die Schablone auf eine Papiervorlage und lege diese auf die Rückseite der Metallfolie. Man befestigt sie am Rand mit zwei Klebestreifen.
3. Drücke die Linien der Schablone mit einem Kugelschreiber auf die Folie durch.
4. Nimm das Papier ab und drehe die Metallfolie um. Präge die Linien auf der Vorderseite mit einer Stricknadel nach.
5. Schneide das geprägte Motiv zuerst grob und dann fein mit der Schere aus. Entschärfe den Rand, indem du mit einem Holzstäbchen über die Schnittkanten streifst. Klebe die Form auf den Schachteldeckel. Lege zum Beschweren ein Buch darauf, bis die Metallfolie fest angeklebt ist.

So verzierst du:

Man kann in die Formen einfache Motive drücken. Das können beispielsweise Punkte, Linien oder auch ganz kleine Striche als Muster sein.
Viele Vorlagen aus dem Buch eignen sich auch für solche Metallprägearbeiten. Suche dir diejenigen aus, die dir am besten gefallen oder besonders gut zu der beschenkten Person passen. Natürlich können all diese Vorlagen abgewandelt werden. Laß deiner Phantasie freien Lauf.
Für die Jüngeren ist das Ausschneiden von Formen oft schwierig. Es wird leichter, wenn man den Spandosendeckel als Schablone auf die Metallfolie legt, den Rand nachzeichnet und danach ausschneidet. Jetzt kann ein hübsches Ornament aus Blüten oder Sternen auf die Form geprägt werden. Den Rand mustert man mit kleinen Strichen, um ihn zu entschärfen.
Diese Prägearbeiten sind nicht nur auf Spandosen hübsch. Als funkelnde Sterne können sie den Weihnachtsbaum zieren. Auch Geschenkpakete kann man damit ganz prima schmücken.

Runde Spandose mit Faltschnittornament

1. Für das Faltschnittornament legst du den Schachteldeckel auf die Bastelfolie und zeichnest den Deckelrand nach. Den so entstandenen Kreis schneidest du aus.
2. Falte den Kreis auf ein Achtel (dreimal halbieren). Die schöne Folienseite muß dabei innen liegen. Das Ausschneiden geht leichter, wenn du bei der letzten Faltung eine Seite nach vorne und die anderen nach hinten faltest. Es muß wie eine Zickzackfaltung aussehen.
3. An die beiden Seiten zeichnest du halbe Formen. Zwischen diesen kleinen Formen muß immer ein schmaler Abstand bleiben.
4. Schneide diese Formen sorgfältig aus.
5. Jetzt erlebst du beim vorsichtigen Auffalten eine schöne Überraschung.

So verzierst du:

Wenn es dir gefällt, probiere mehrere solcher Faltschnitte aus. Der schönste kommt auf die Spandose. Klebe ihn sauber und haltbar auf.
Mit den ausgeschnittenen Resten kann man noch den Rand der Spandose verzieren.
Besonders hübsch können Faltschnitte auch auf anderen Gegenständen, beispielsweise auf überzogenen Pappschachteln, wirken.

Spandose mit gepreßten Blumen

1. Zuerst müssen die gesammelten Blätter und Blüten zwei bis drei Wochen in einem Telefonbuch gepreßt werden. Die Blü-

GESCHENKIDEEN ZUM SELBERMACHEN

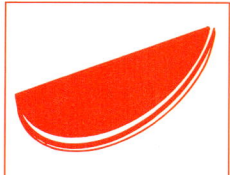

ten sollten sich dabei nicht berühren. Sobald sie sich leicht vom Papier lösen, sind sie getrocknet.

2. Lege die gepreßten Blüten mit einer Pinzette auf die Spandose. Gefällt dir die Anordnung, hebst du Blüte für Blüte auf, tupfst auf diese Stelle Klebstoff und drückst sie wieder fest.

3. Klebe noch einige gepreßte Gräser und kleine Blätter dazu oder ordne zuerst die Blätter an und klebe anschließend die Blümchen darauf.

4. Damit die Blüten dauerhaft auf dem Deckel halten, überzieht man sie mit einer Klebefolie. Dazu zeichnest du den Deckelrand auf die Folie und schneidest die Form aus.
Klebe die Folie über die Blüten und streiche sie glatt.

So verzierst du:

Mehrere kleine Blätter können auch eine Randverzierung bilden. Mehrere große Blüten und Blätter wirken in der Mitte des Deckels sehr dekorativ.
Gräser und kleine Blüten lassen sich zu einem hübschen Blumensträußchen anordnen. Oft reicht aber auch schon eine einzelne hübsche Blüte und ein dekoratives Blatt für eine interessante Verzierung.
Für kleinere Kinder ist ein einfacher Faltschnitt (rechts) leichter zu schneiden und aufzukleben. Dazu den Spandosendeckel auf das Faltpapier oder die Bastelfolie legen und die Konturen zeichnen. Die Scheibe ausschneiden. In der Mitte falten, die Muster anzeichnen, ausschneiden und aufklappen.
Probiere mehrere solcher Faltschnitte aus. Achte darauf, daß du die Muster immer an der Bugkante anzeichnest. Einige der Formen sollen bis 1 cm vor den Halbkreisrand gezeichnet werden. Nur so wirkt dein Muster richtig ausgefüllt. Suche dir den schönsten Faltschnitt aus und klebe diesen besonders sorgfältig auf den Spandosendeckel.

Das Faltschnittornament für eine runde Spandose erfordert etwas Geschick: Den Deckelrand auf der Bastelfolie nachzeichnen und ausschneiden. Den Kreis auf ein Achtel im Zickzack falten, also dreimal halbieren, dann Formen ausschneiden (oben). Beim Auffalten entsteht dieses wunderschöne Ornament (rechts), das du nun auf den Deckel der Spandose aufkleben kannst.

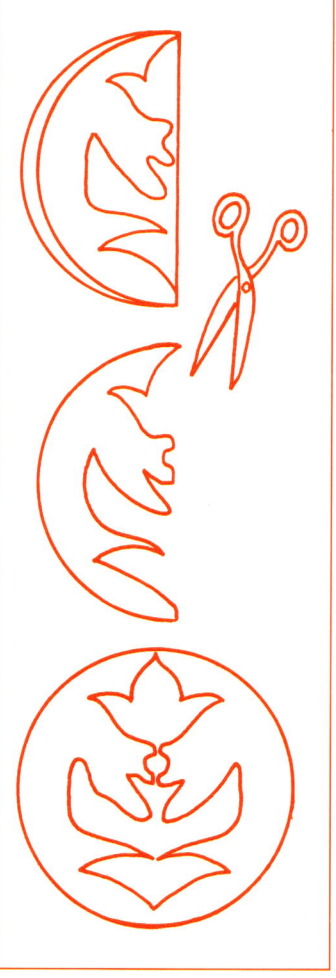

GESCHENKIDEEN ZUM SELBERMACHEN

Spandose mit Tortenspitze

1. Suche dir aus einer goldenen Tortenspitze eine hübsche Form aus der Randverzierung aus. Das kann beispielsweise ein Herz, eine Blattranke, eine Rose oder eine andere Blume sein.
Die ausgewählte Spitzenform muß allerdings auch auf die Spandose passen; falls nicht, dann wählst du einen kleineren Spitzenausschnitt.
2. Schneide diese Teile aus. Die kurzen Verbindungsstege zwischen den Spitzenteilen abschneiden.
3. Bestreiche die Verzierung auf der Rückseite dünn mit Klebstoff. Vergiß keine abstehenden Teile. Klebe die Formen auf. Überprüfe nochmals, ob alle Ränder gut haften.

So verzierst du:

Oft reicht als Schmuck ein Spitzenteil. Natürlich können auch kleine Formen als Randverzierung auf den Dosendeckel geklebt werden. Die herzförmige Spandose erhielt ihre Verzierung aus einer Tortenspitzenecke. Auch der seitliche Deckelrand darf in dieser Weise verziert werden.
Wenn du keine goldene Tortenspitze bekommst, male eine weiße Spitze mit Plakagoldfarbe an. Bei runden Spandosen eignen sich goldene Kaffeeuntersetzer mit Spitzenrand als Schmuck. Edel wirken Stoffspitzen. Male diese mit Goldfarbe an oder laß sie weiß.

Eine Spanschachtel läßt sich mit einer goldenen Tortenspitze sehr dekorativ verzieren. Dazu schneidest du Teile einer Tortenspitze einfach mit der Schere aus, ordnest diese auf dem Deckel der Dose harmonisch an und klebst sie dann sauber auf. Schon wirkt die herzförmige Schachtel viel edler und wertvoller.

GESCHENKIDEEN ZUM SELBERMACHEN

Pralinen selbstgemacht

Große und kleine Naschkatzen können da kaum widerstehen.

Zutaten für Knusperli:
100 g Vollmilch- oder Zartbitterkuvertüre
125 g Mandelstifte
oder
30 g Cornflakes
Alufolie
Pralinenförmchen

Zutaten für Hagebuttenkugeln:
2 Eßl. Hagebuttenmarmelade
1 Päckchen geriebene Orangenschale
200 g gemahlene Mandeln oder Haselnüsse

für den Guß:
150 g Schokoladenkuvertüre

zur Garnierung:
Schokostreusel oder gemahlene Mandeln

Süße Überraschungen für groß und klein verstecken sich in der abgebildeten Spandose mit geprägtem Bärchenmotiv.

Knusperli (ca. 25 Stück)
So wird's gemacht:

Fülle einen Topf bis zur Hälfte mit Wasser. Bringe das Wasser zum Kochen.
Nimm den Topf von der Herdplatte und stelle ein Schälchen mit der Kuvertüre zum Schmelzen hinein.
Beachte: Es darf kein Wasser in die Kuvertüre tropfen!
Sobald die Kuvertüre geschmolzen ist, rührst du die Mandelstifte unter.
Belege ein Brettchen mit Alufolie und setze mit einem Teelöffel Häufchen darauf.
Im Kühlschrank werden die Pralinen nach etwa einer halben Stunde fest.
Die schönsten kommen in die Förmchen und zum Verschenken in die Spandose.
In weißen Pralinenförmchen sehen die braunen Vollmilch- und Zartbitterknusperli zum Anbeißen aus. Die restlichen Pralinen kannst du gleich naschen.
Die Pralinen solltest du bis zum Verschenken in den Kühlschrank stellen. So bleiben sie schön knusprig.
Probiere das Knusperli-Rezept zur Abwechslung auch mal mit Cornflakes oder Müslimischungen aus.

Hagebuttenkugeln (ca. 35 Stück)

Die Zutaten für dieses Rezept findest du in der linken Spalte.

So wird's gemacht:

Die Kuvertüre im Wasserbad schmelzen. Ein Brett oder Backblech mit Alufolie abdecken. Hagebuttenmarmelade, Orangenschale und Mandeln in einer Schüssel gut verrühren. Aus der Masse teelöffelgroße Kugeln drehen. Jede Kugel auf einen Holzspieß stecken, in Kuvertüre tauchen und in Schokostreuseln oder Mandeln wälzen.
Auf der Alufolie trocknen lassen.

Bei den Vollmilch- und Zartbitterknusperli (rechte Seite unten) können große und kleine Schleckermäuler wohl kaum widerstehen.

GESCHENKIDEEN ZUM SELBERMACHEN

Leckere Müslihäufchen

Zutaten:
100 g Schokolade
1 Eßl. Honig
1 Eßl. Crème fraîche
100 g Früchtemüsli
2 Eßl. Rosinen
Alufolie
Pralinenförmchen

Es müssen nicht immer Plätzchen sein.
Mit diesen Pralinen versüßt du die Vorweihnachtszeit.

Das Müsli vorsichtig unterheben (links), dann mit einem Teelöffel die Müslihäufchen auf die Alufolie setzen.

Diese köstlichen Pralinen können schon ganz kleine Naschkatzen leicht selbst machen.

So wird's gemacht:

Die Herstellung ist fast wie beim Rezept für Knusperli.
Fülle einen Topf bis zur Hälfte mit Wasser. Bringe das Wasser zum Kochen.
Nimm den Topf von der Herdplatte und stelle ein Schälchen mit Schokolade und Honig zum Schmelzen hinein.
Beachte: Es darf kein Wasser in die flüssige Masse tropfen!
Die Schokolade mit Honig im Wasserbad schmelzen.
Crème fraîche, Müsli und Rosinen unterrühren und runde Häufchen auf die Alufolie setzen. Im Kühlschrank werden die Pralinen nach einer halben Stunde fest. Erst zum Verschenken solltest du sie aus dem Kühlschrank holen und in die Spandose setzen. Je nach Schokoladensorte kannst du den Geschmack der Müslihäufchen verändern.
Probiere deine eigene Kreationen aus.

19

GESCHENKIDEEN ZUM SELBERMACHEN

GESCHENKIDEEN ZUM SELBERMACHEN

Merkzettel-halter

Solche nützlichen Mitbringsel halten jeden Merkzettel fest.

Du brauchst:
starken Karton
Wäscheklammern aus Holz
Schneiderkopierpapier
Bleistift
Schere
Plakafarben
Pinsel
Klebstoff

Die Note ist ein Merkzettelhalter für den Musikfan. Den Lebkuchen bekommen kleine Naschkatzen, und der Stift paßt gut auf einen Schreibtisch im Büro.
So kannst du für jeden Freund einen eigenen Merkzettelhalter basteln.

So wird's gemacht:

1. Übertrage die Vorlagen auf den Seiten 22 und 23 mit dem Kopierpapier zweimal auf Karton. Viele Vorlagen aus dem Buch eignen sich dafür. Selbstverständlich können ebenso eigene Entwürfe gezeichnet werden.
2. Schneide die Motive erst grob, dann genau aus.
Beachte dabei, daß manche Motive zwei ungleiche Seiten haben. Diese müssen passend zueinander bemalt werden. Lege also die beiden Klammerdeckel so vor dich hin, daß zwei gleiche Seiten zueinander schauen. Jetzt mußt du bei einem Deckel die Linien nochmals auf der Vorderseite anzeichnen.
3. Male die Deckel auf der Außenseite hübsch an. Male die Innenseite einfarbig an.
4. Nach dem Trocknen wird zwischen die Teile eine Wäscheklammer geklebt. Damit die Merkzettel gut gefaßt werden, sollte die Klammeröffnung im vorderen Bereich der Kartondeckel liegen.

Für jeden Anlaß kannst du dir einen Merkzettelhalter basteln (linke Seite). Das Schöne an den Haltern ist, daß du sie an jedem beliebigen Ort anklammern kannst.

So entsteht ein Stift als Merkzettelhalter (unten). Die Wäscheklammer zwischen den beiden Kartonteilen klebst du ganz vorne an. Dadurch werden die Merkzettel gut gefaßt.

GESCHENKIDEEN ZUM SELBERMACHEN

Fotoalben für schöne Erinnerungen

Diese selbstgebundenen Fotoalben sind leicht nachzumachen.

Du brauchst:
Geschenkpapier oder selbstgestaltete Papiere
starken Karton
Klebestift
Locher
Bleistift
Cuttermesser
Lineal
schnittfeste Unterlage

für das Faltalbum:
10 Fotokartons DIN A4
dünne Kordel, 2,20 m lang
1 Pinnwandsticker

für das Ringalbum:
2 Buchringe, Durchmesser 14 mm
20 Fotokartons
2 Bögen passendes Tonpapier

für das Album mit Aquarellblock:
Aquarell- oder Skizzenblock mit Spiralbindung
selbstklebendes Leinen- oder Gewebeband, 1 m lang, 3,8 cm breit
passende Kordel, 50 cm lang
2 Bögen Tonpapier

Fotoalben im Hoch- und Querformat kannst du auf drei Arten selbst basteln (rechte Seite): als Faltalbum mit einer dünnen Kordel, als Ringalbum mit zwei oder vier Buchringen und als Aquarellblockalbum mit Spiralbindung.

Die Zeichnung zeigt, wie ein Albumdeckel im Querformat entsteht. Die Arbeitsweise ist für alle drei Alben gleich.

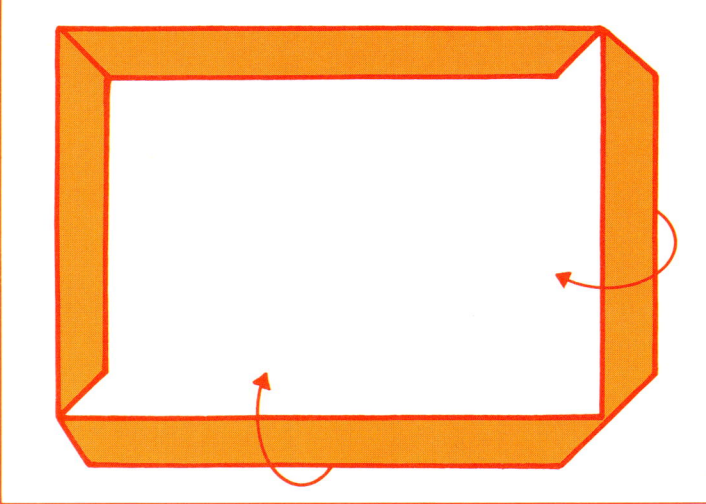

Verschenke Fotos von schönen Erinnerungen in einem selbstgebundenen Fotoalbum.
Hier sind drei einfache Möglichkeiten, ein Fotoalbum selbst zu basteln.

So wird's gemacht:

Die Größe deines Albums kannst du selbst bestimmen. Jede Albumart ist sowohl im Hoch- als auch im Querformat machbar, je nach Vorliebe.
Zuerst werden die Albumdeckel hergestellt. Diese Arbeitsweise ist für alle drei Alben gleich.
1. Zeichne die Umrisse eines Fotokartons zweimal auf Pappkarton auf und markiere an jeder Kante 1 cm Zugabe.
2. Schneide die Albumdeckel mit angelegtem Lineal und Cutter entlang der markierten Zugabe aus.
3. Die Kartons werden mit hübschem Papier bezogen. Dazu legst du die Deckel auf die Innenseite des Einbandpapiers.
4. Zeichne die Umrisse nach und miß 2 cm Zugabe an allen Kanten ab. Das Papier mit den Zugaben wird jetzt zugeschnitten.
5. Beide Deckel gleichmäßig mit Klebstoff bestreichen und auf die Umrisse kleben. Danach umdrehen und auf der Vorderseite glatt streichen. Wie gezeigt, werden die Ecken abgeschnitten.
6. Klebe die verbleibenden Zugaben straff um die Kanten und drücke sie mit einem Falzbein oder mit einem Lineal an.

Faltalbum

Das Faltalbum besteht aus gelochten Fotokartons, die zusammengebunden werden.
1. Loche die Fotokartons bis auf zwei an jeder Ecke. Dazu wird jeweils die Spitze in den Locher geführt. Bevor du lochst, kontrollierst du, ob der Karton richtig plaziert ist.
Die beiden übrigen Kartons wer-

GESCHENKIDEEN ZUM SELBERMACHEN

GESCHENKIDEEN ZUM SELBERMACHEN

Dieses reizvolle Faltalbum besteht aus gelochten roten Fotokartons, die mit einer roten Kordel zusammengebunden sind (Zeichnung unten).

Die beiden Albumdeckel drückst du auf die Klebefläche in der Mitte und schlägst das überstehende Leinenband zur Mitte ein (rechte Seite). Dann legst du den Aquarellblock in den Albumeinband, fädelst eine Kordel durch die Spiralen und spannst sie um den Einbandrücken.

den nur an einer Seite mit zwei Löchern versehen.

2. Schneide von der Kordel viermal die Länge von 20 cm ab. Die restliche Kordel schneidest du in vierzehn gleiche Stücke mit einer Länge von je 10 cm.

3. Fädle die Kordelstücke durch die Lochungen und knote immer zwei gegenüberliegende Fotokartons damit zusammen. Dabei nicht zu fest zusammenziehen, aber mit drei Knoten sichern. Den vorderen und hinteren Karton mit nur zwei Lochungen noch nicht anbinden.

4. Damit es ein Faltalbum ergibt, legst du die Fotokartons in einer Zickzackfaltung zusammen.

5. Den vorderen und hinteren Karton klebst du als Vorsatzpapier auf die Innenseite der überzogenen Albumdeckel.

Durch ein Vorsatzpapier, auch Spiegel genannt, werden die Kanten des Einbandes verdeckt.

6. Mit einem Pinnwandsticker werden die Lochungen durch die Albumdeckel gestoßen. Weite die Löcher mit einem Bleistift noch etwas aus.

7. Binde durch diese Lochungen die Albumdeckel an den ersten und letzten Fotokarton.

Die längeren Kordelstücke reichen für eine hübsche Schleife. Edel wirken auch Satinbänder.

Ringalbum

Bei diesem Album werden die Fotokartons mit zwei Buchringen zusammengehalten.

Für ein Album in Hochformat braucht man vier Buchringe.

1. Für dieses Album kannst du die Deckel in der gleichen Größe wie den Fotokarton zuschneiden. Anschließend werden sie, wie zuvor beschrieben, mit Einbandpapier bezogen.

2. Wer die Albumecken weiter verzieren will, verstärkt sie mit kleinen Papierdreiecken.

3. Auf der Deckelinnenseite überklebst du die eingeschlagenen Kanten des Einbandes mit einem Vorsatzpapier.

Dazu schneidest du zwei Bögen Tonpapier an jeder Seite 0,5 cm kleiner als den Deckel zu.

GESCHENKIDEEN ZUM SELBERMACHEN

4. Für ein Album in Querformat alle Fotoblätter und die Albumdeckel jeweils an der breiten Seite lochen.
Miß dazu die Mitte ab und lege diese Mitte exakt an die Mittelmarkierung des Lochers an.
Bei Einbandpapieren mit Musterrichtungen aufpassen, daß die richtige Seite gelocht wird.
5. Jetzt noch die Blätter in die Albumdeckel legen, die Buchringe durchziehen, verschließen, und das Album ist fertig.
Statt der Buchringe kann man ersatzweise auch verschließbare Schlüsselringe verwenden.

Fotoalbum mit Aquarellblock

Der Aquarellblock wird mit einer langen Kordel in den Einband gebunden.
1. Trenne das vordere Deckblatt vom Block ab. Dieses Blatt kannst du gleich als Maß für die Albumdeckel verwenden.
2. Überziehe die Albumdeckel mit einem hübschen Einbandpapier, wie es zuvor beschrieben wird. Vergiß auch nicht, das Vorsatzpapier aufzukleben.
3. Schneide das Leinenband zweimal so breit wie die Albumdeckel zu. Die Klebefolie abziehen und die Albumdeckel wie in der Zeichnung auf dieser Seite auf die Klebefläche drücken. Die Vorderseite liegt dabei unten.
Jetzt noch das überstehende Leinenband zur Mitte einschlagen und gut feststreifen.
4. Lege den Aquarellblock in den Einband. Fädle eine Kordel durch die Spiralen und spanne sie um den Einbandrücken.
Damit der Block nicht verrutscht, mußt du die beiden Kordelenden straff verknoten.
Als Einband eignet sich Geschenkpapier oder selbstbemaltes Packpapier. Das abgebildete kleine Album (links oben) zieren ausgeschnittene Erinnerungsfotos.

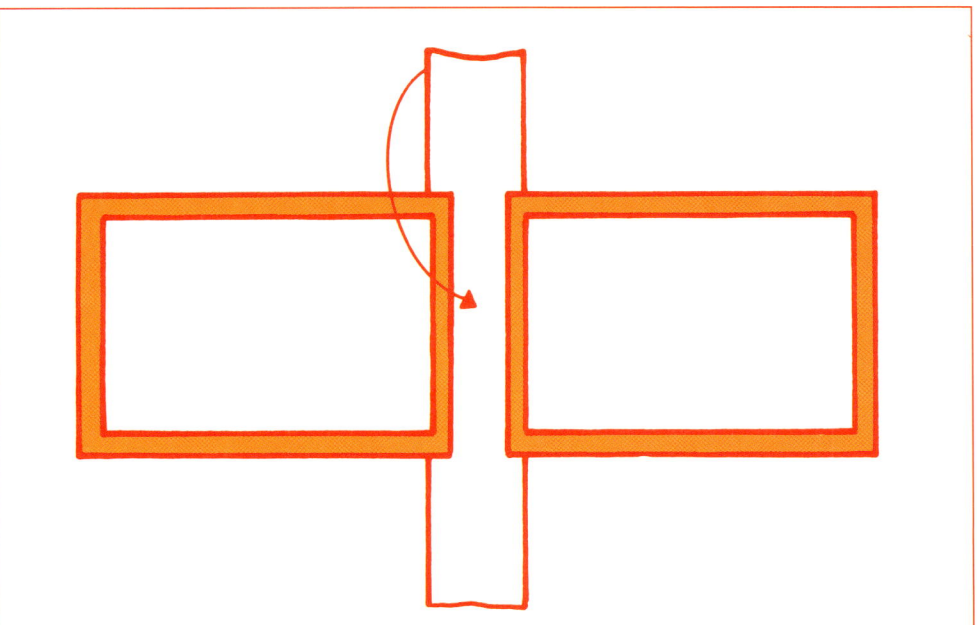
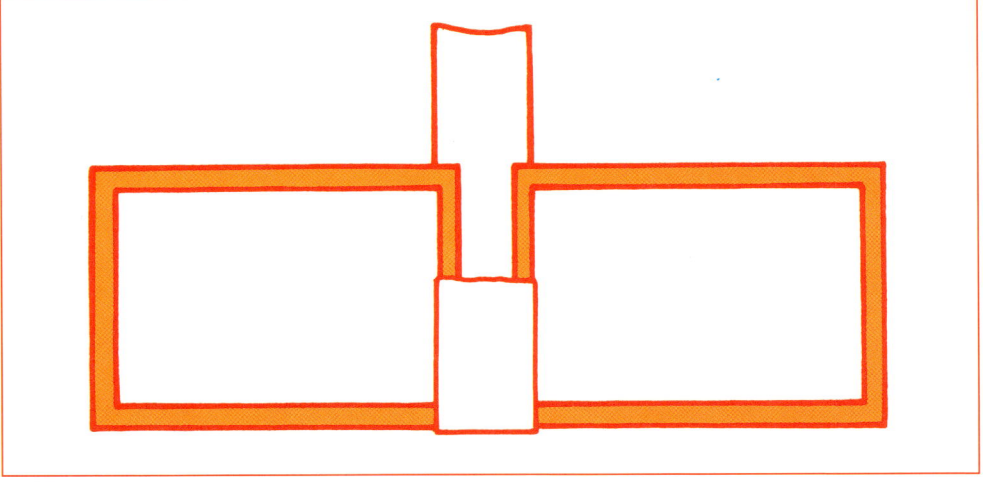
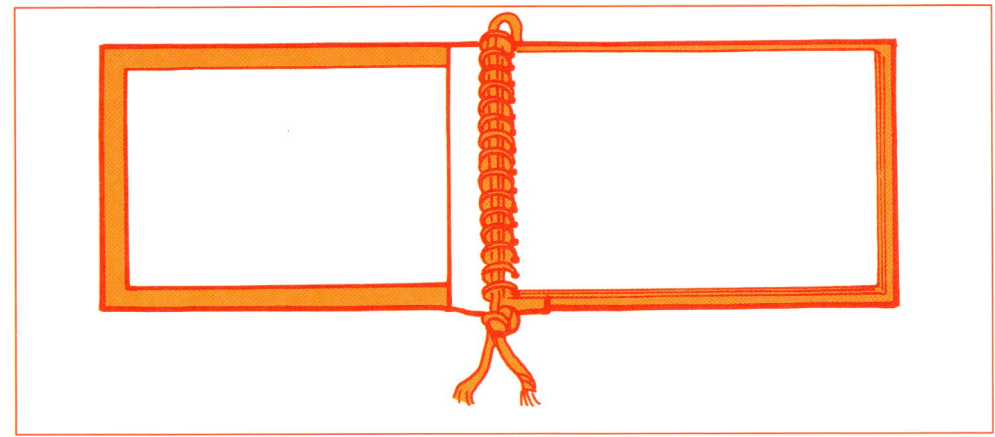

GESCHENKIDEEN ZUM SELBERMACHEN

Kunterbunter Stempelspaß mit Kartoffeln

Du brauchst:
Stoffmalfarbe in Grün, Rot, Gelb und Glittergold
Pinsel
Plätzchenformen aus Metall
4 große Kartoffeln
Küchenmesser
Zeitungsunterlage
Küchentuch
Bügeleisen

Sachen zum Bedrucken:
Packpapier
Stoffreste
Geschirrtuch
Stoffservietten
Kissen
Bänder

Plätzchenformen eignen sich am besten, um den Stempel herzustellen. Natürlich kannst du auch eigene Formen ausschneiden.

Mit dieser einfachen Drucktechnik wird aus einem Geschirrtuch eine festliche Decke für den Weihnachtsbaum.

Die Kartoffel eignet sich prima zum Drucken. Einerseits ist sie fest genug zum Aufdrücken, andererseits enthält sie genug Wasser, so daß die aufgetragene Farbe nicht gleich aufgesaugt wird. Aber aufgepaßt! Ist die Kartoffel einmal geschält, trocknet sie an der Luft schnell und der Kartoffelstempel schrumpft. Sind die Stempel ausgeschnitten, druckt man am besten alles an einem Stück.
Ein einfaches Geschirrtuch wird zu einer Decke für den Weihnachtsbaum. Aus einer Serviette und einem weißen Kissen entsteht ein schönes Geschenk.
Mit Kartoffeldruck lassen sich viele Sachen schnell bedrucken.

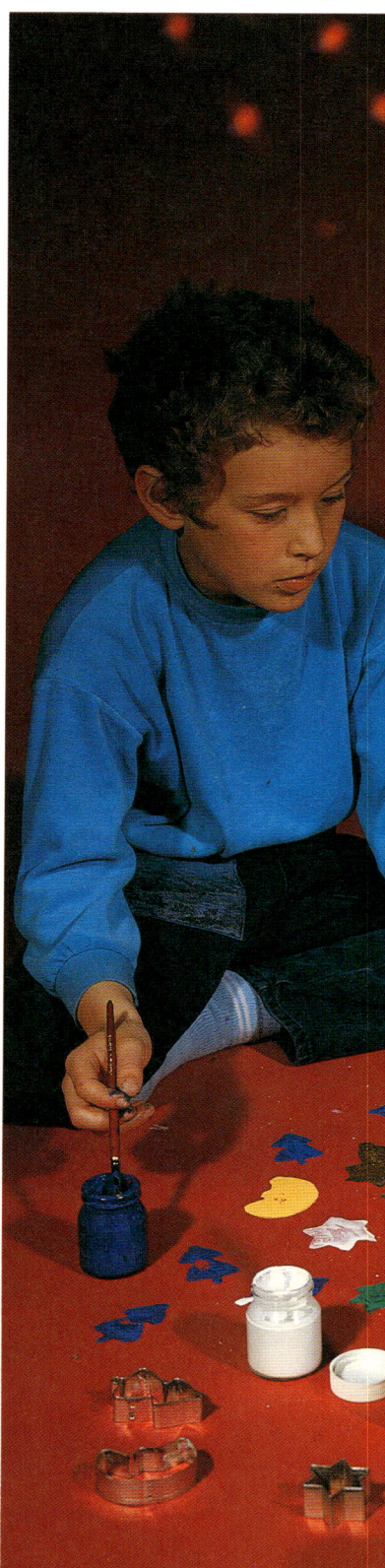

28

GESCHENKIDEEN ZUM SELBERMACHEN

Mit Kartoffelstempeln kannst du fast alles bedrucken. Gemeinsam mit Freunden macht der Kartoffeldruck noch viel mehr Spaß.

GESCHENKIDEEN ZUM SELBERMACHEN

GESCHENKIDEEN ZUM SELBERMACHEN

So wird's gemacht:

Zuerst wird der Druckstempel hergestellt.

1. Schneide eine Kartoffel in ca. 4 cm dicke Scheiben. Achte dabei auf eine glatte Schnittfläche.

2. Stich mit den Plätzchenformen aus den Kartoffelscheiben die Stempel heraus.

Wichtig ist, daß die Stempel nicht zu dünn sind. Man muß sie noch gut halten können. Tupfe die Druckfläche mit einem Küchentuch trocken und los geht's.

3. Jetzt wird gedruckt: Bestreiche die Stempel mit etwas dickflüssiger Stoffmalfarbe und drucke gleichmäßig ab. Überschüssige Farbe streift man mit dem Küchentuch ab.

Stemple zuerst einige Probedrucke auf Stoff und Papier. Diese kannst du später als Geschenkpapier verwenden oder als Aufkleber für Weihnachtskarten zuschneiden.

4. Lege den Gegenstand, der bedruckt werden soll, auf eine Unterlage. Bei einem Kissen muß in das Kissen noch eine Plastiktüte gelegt werden, damit die Farbe nicht zur Unterseite durchdringt.

5. Überlege dir die Anordnung der Motive. Dazu sind Papierschnipsel oder ausgeschnittene Probedrucke sehr hilfreich. Diese ordnet man in der gewünschten Musterung auf dem Stoff an. Paßt die Zusammenstellung, beginnt man, die Formen farbig aufzudrucken.

6. Bist du fertig mit dem Drucken, laß die Farbe trocknen.

Damit dein Druck auch waschbeständig bleibt, muß der Stoff nach dem Trocknen auf der Rückseite zwei Minuten gebügelt werden. Ein Kissen stülpt man dazu um und zieht es am besten über ein Bügelbrett.

Es gibt auch Stoffmalfarben, die ohne Einbügeln waschbeständig sind. Lies dazu die Gebrauchsanweisung der Farbe durch.

So verzierst du:

Kombiniere die ausgestochenen Druckstempel mit selbsterfundenen Stempeln und gestalte dein eigenes Stoffmuster.

Aus der Kartoffel lassen sich mit dem Küchenmesser leicht Buchstaben schneiden. Ein Sweatshirt mit aufgedrucktem Namen ist sicher eine gelungene Überraschung.

Es gibt auch Stoffmalstifte zu kaufen. Mit diesen können feine Muster dazugemalt werden.

Für die Glitzersternchen auf dem Kissen und auf der Serviette wurde ein Sternstempel innen nochmals mit einem kleinen Stern ausgestochen.

Zum Bedrucken eignen sich am besten helle Stoffe. Sie dürfen auch kleine Muster oder Karos haben. Das erleichtert oft die Anordnung der Stempel.

Gewöhnliche Alltagsgegenstände verwandeln sich mit Hilfe des Kartoffeldrucks in festliche Geschenke (linke Seite). Aus einem einfachen Geschirrtuch wird mit aufgedruckten Tannenbäumen und Sternchen eine dekorative Decke für den Weihnachtsbaum (oben).

GESCHENKIDEEN ZUM SELBERMACHEN

Weihnachtskarten

Jede dieser Weihnachtskarten ist ein unverwechselbares Original.

Du brauchst:
**Bleistift
Schere
Cuttermesser
Lineal
Klebstoff
evtl. Glitzersternchen**

für die Schneemänner:
**dunkle Bögen Tonpapier
Plakafarbe in Weiß, Rot, Orange und Schwarz
1 mittlere und 1 kleine Kartoffel**

für die Metallprägekarten:
**blaue und rote Doppelkarten
Metallfolie, 0,15 mm stark
Stricknadel
Unterlage**

Wie das Metallprägen genau geht, erfährst du in Gewußt wie? *auf Seite 156.*

Was wären Weihnachtskarten ohne Schneemänner, Sterne und Engelchen? Mit Kartoffeldruck und weißer Plakafarbe bestempelst du deine Weihnachtspost mit kugelrunden Schneemännern. Einen funkelnden Sternenhimmel kannst du auf Metallfolie prägen und auf deine Weihnachtskarten kleben (rechte Seite).

Schöne Weihnachtskarten mit viel Liebe gestaltet – für gute Freunde und als kleines Geschenk. Oft sind es die einfachen Dinge, die viel Freude bereiten.

Schneemänner am laufenden Band

So wird's gemacht:

1. Die Karten werden aus dunklem Tonpapier zugeschnitten. Als Maß dient eine andere Karte. Lege diese auf das Tonpapier und zeichne die Schnittlinien genau an. Jetzt nur noch ausschneiden und falten.
2. Halbiere zwei unterschiedlich große Kartoffeln.
Die größere Kartoffel ergibt den Bauch, die kleinere den Kopf. Tupfe die Schnittflächen trocken.
3. Mache einen Probedruck mit weißer Plakafarbe.
Falls die Rundungen nicht passen, schneide den Rand noch etwas in Form.
4. Stemple Kopf und Bauch auf die Karten.

So verzierst du:

Aus Kartoffelresten schneidest du dir Hut, Arme, Knöpfe und Nase zurecht und stempelst sie dazu. Augen, Mund und Besen werden aufgemalt.
Im Hintergrund glitzern noch einige aufgeklebte Sternchen. Das bringt weihnachtlichen Glanz auf die Karten.

Karten mit Metallfolie

Viele Vorlagen aus diesem Buch eignen sich für diese Technik. Eine Schablone für den Engel und die Sterne findest du bei dem Thema Faltkarten.
Doch präge auch deine selbstentworfenen Motive auf Metall. Hier wird erklärt, wie man diese hübschen Karten mit Schablonen prägt.

So wird's gemacht:

1. Für die Sternenkarte schneidest du die obere Ecke einer Kartenseite zu einem Bogen.
2. Übertrage die Sternchen von der Vorlage auf Papier.
3. Lege das Papier auf die Metallfolie und drücke die Sterne durch.
4. Schneide sie zuerst grob, dann genau aus.
Rolle oder streiche einen Stift über die Sterne, dadurch werden sie glatt und die Kanten entschärft.
5. Präge auf eine Unterlage Linien und Punkte in die Sterne.
6. Klebe sie am Bogenrand der Karte auf.

So verzierst du:

Das Engelchen genauso prägen und den unteren Teil der Karte zu einer Wolke zuschneiden.
Bei dem asymmetrischen Stern die Karte nach der Zackenform zuschneiden und nach deiner eigenen Phantasie mustern.

GESCHENKIDEEN ZUM SELBERMACHEN

GESCHENKIDEEN ZUM SELBERMACHEN

Faltkarten

Außen ein schlichter Weihnachtsgruß, doch beim Auffalten erlebt man eine tolle Überraschung.

Du brauchst:
weiße Doppelkarten
Tonpapierreste
Bleistift
kleine Schere
Klebstoff
Sternchenaufkleber

Diese originellen Faltkarten sind einfach herzustellen.

So wird's gemacht:

Als erstes wird die Doppelkarte, wie auf dem Foto vorbereitet.
1. Schneide in die Bugkante der Karte drei bis vier Einschnitte. Alle Einschnitte sollten etwa 0,5 cm breit und zwischen 1 cm und 2,5 cm lang sein.
2. Ziehe diese geschnittenen Streifen nach innen. Klappe die Karte zu und drücke die Streifen fest.
An diese entstandenen Treppen werden verschiedene Motive geklebt. Die Motive können eigene sein oder direkt von den vorgeschlagenen Schablonen übernommen werden. Dieser Vorgang wird hier beschrieben.
3. Übertrage die Vorlagen auf Tonpapier. Schneide die Formen aus. Lege die Teile so zusammen, wie sie anschließend geklebt werden. Bestreiche die markierten Zugaben mit Klebstoff und lege die anderen Teile darüber. Die Baumgröße läßt sich durch einen kürzeren oder längeren Stamm verändern.
4. Bestreiche in der Karte die senkrechten Streifen mit Klebstoff und drücke die Tonpapiermotive daran. Schließe die Karte erst, wenn die aufgeklebten Motive fest haften.

So verzierst du:

Die Augen des Nikolaus werden aufgemalt. Die Knöpfe für den Nikolaus und den Schneemann kann jeder selbst gestalten. Dasselbe gilt auch für die Fenster an der Kapelle. Klebe Sternchen auf.

Mit diesen Weihnachts-Faltkarten machst du deinen Eltern und Freunden eine große Freude. Aufgefaltet treten Weihnachts- und Schneemänner vor Tannenbäumen hervor, oder eine schneebedeckte Kapelle taucht aus einem Wald auf (rechte Seite).

Die Räumlichkeit der Figuren entsteht durch einen kleinen Trick (unten): Mit der Schere schneidest du in eine Doppelkarte drei bis vier Einschnitte. Diese ziehst du nach innen, klappst die Karte zu und drückst die Streifen fest. An diese Treppen klebst du nun verschiedene Motive.

Zum Gestalten der Faltkarten kannst du selbst eigene Motive entwerfen oder sie direkt von den vorgeschlagenen Schablonen auf Seite 36 und 37 übernehmen.

GESCHENKIDEEN ZUM SELBERMACHEN

GESCHENKIDEEN ZUM SELBERMACHEN

Kunstvolle Sgraffitokarten

Kleine Kunstwerke, die viel mehr sind als nur Weihnachtskarten.

Sgraffito ist ein italienisches Wort für Wandmalerei, bei der Zeichnungen oder Ornamente in feuchte, helle Putzschichten an Häusern so lange eingeritzt werden, bis die meist dunkle Grundierung zu sehen ist. Diese Maltechnik gibt es schon viele hundert Jahre und ist besonders an alten Kirchen und Klöstern in Italien zu bewundern. Diese Technik des „Einritzens" kann auch an Bildern oder Farbflächen angewandt werden. Sie wirkt sehr hübsch, wenn die Farben weich sind und der Untergrund fest und von anderer Farbe ist. Besonders weihnachtlich wirkt hier auch ein goldener Plakatkarton als Untergrund.

Nach der Bleistiftzeichnung auf einem matt-goldenen Plakatkarton malst du dein Bildmotiv mit Wachsmalkreiden ganz aus (oben).

Diese Sterne (rechts) wirken sehr lebendig, weil verschiedene Strukturen wie Linien, Punkte und Striche mit einem kleinen Messer eingekratzt wurden. Dadurch holst du den verdeckten Golduntergrund noch etwas hervor.

GESCHENKIDEEN ZUM SELBERMACHEN

Du brauchst:
goldenen Plakatkarton (matt)
Doppelkarten
Wachsmalkreiden
Bleistift
Lineal
kleines Küchenmesser,
Küchentuch
Wattebausch

Diese nächtliche Winterlandschaft ist ein kleines Sgraffito-Kunstwerk. Der Mond und die Sterne strahlen golden und hell auf verschneite Berghänge mit Tannenbäumen herab.

GESCHENKIDEEN ZUM SELBERMACHEN

GESCHENKIDEEN ZUM SELBERMACHEN

Ein weihnachtliches Motiv, in das du viele Strukturen einkratzen kannst, siehst du auf der linken Seite: ein grüner Tannenzweig mit roten Wachskerzen und gelb-orange leuchtenden Flammen auf blauem Hintergrund. Das Ganze ist umgeben von einem gemalten Rahmen mit geritzten Ornamenten.

So wird's gemacht:

1. Schneide den Goldkarton auf die passende Größe zu.
Für ein kleines Bild brauchst du ein Stück in der Größe von 7 x 7 cm. Das größere Bild hat die Maße 10 x 14 cm.
Überprüfe, ob diese Größen auf deine Karten passen.
2. Zeichne das Motiv mit Bleistift auf die Goldseite des Kartons. Drücke nicht zu fest auf.
Du kannst auch mit Bleistift eine Vorlage auf den Karton durchdrücken.
3. Male nach der Bleistiftzeichnung das Bild mit Wachsmalkreiden aus. Der Goldkarton soll dabei ganz verdeckt sein.
4. Kratze mit einem kleinen Messer oder Schaber die Konturen deines Bildes nach. Das Bild bekommt so goldene Ränder.
5. Poliere die Bildoberfläche mit Watte und klebe das Bild auf eine passende Karte.

So verzierst du:

Hole den verdeckten Goldgrund noch etwas hervor, indem du das Bild mit Linien, kleinen Strichen oder Punkten betonst. Sehr dekorativ wirkt dabei auch ein gemalter Rahmen mit gekratzten Ornamenten.

Der Golduntergrund tritt bei diesem bezaubernden Weihnachtsmann-Motiv sehr schön hervor. In seinem Sack hält er bestimmt nur angenehme Überraschungen versteckt.

Wenn die Tage kürzer werden

WENN DIE TAGE KÜRZER WERDEN

Bunte Tropfbatiklaternen

Die Tage werden kürzer – Zeit für stimmungsvolle Laternen.

Du brauchst:
weißes Papier
Zeichenblockpapier
Malkasten
Flachpinsel
weiße Kerze
Zeitungsunterlage
runde Käseschachteln
evtl. Drahtbügel
Stopfnadel
Rundholzstab,
 Durchmesser 5 mm
Schere
Lineal
Bügeleisen
Klebstoff
Alufolie
Teelichter

Vorsicht! Hier wird mit brennender Kerze und heißem Bügeleisen gearbeitet.

Ob für Tisch, Fenster oder den Laternenumzug, diese Laternen verbreiten immer geheimnisvolles Licht. Laternen mit Tropfbatikpapier sind schnell hergestellt und leuchten farbenfroh in der Dämmerung.
Zuerst wird das Tropfbatikpapier hergestellt.

Papierherstellung

1. Lege mehrere Papiere nebeneinander auf eine Zeitungsunterlage und zünde die Kerze an.
2. Verteile die flüssigen Wachstropfen der schmelzenden Kerze gleichmäßig über eines der Papiere. Die Stellen, die so mit Wachs bedeckt werden, nehmen später keine Farbe mehr an und bleiben weiß. Die Tropfen kühlen von selbst ab und trocknen.
3. Übermale dieses Wachstropfenpapier mit einer hellen Farbe, beispielsweise mit Gelb. Bis die Farbe trocknet, arbeite an einem anderen Papier weiter.
4. Dann tropfst du wieder Wachs auf. Dort, wo die neuen Wachstropfen auf das Papier fallen, bleibt dieses später gelb.
5. Der nächste Farbauftrag kann orange oder hellrot sein. Damit erhält man ein rotes Papier mit gelb-weißen Sprenkeln.
Wer will, kann noch weiter einfärben – vielleicht mit Dunkelrot, mit Blau oder mit Grün.
6. Wenn die Farbe trocken ist, bröckle die Wachstropfen etwas ab. Das restliche Wachs wird abgebügelt.
Hierzu legst du das Papier zwischen alte Zeitungen und bügelst es so lange, bis keine Wachsränder mehr in der Zeitung zu sehen sind.
Die Zeitung muß dazu öfters gewechselt werden. Nimm aber keine neue Zeitung, denn von der färbt Druckerschwärze ab.

So gestaltest du:

Bei dieser einfachen Batik lassen sich unterschiedliche Effekte erzielen.
Kleine Kerzen tropfen rund und gleichmäßig. Dicke Kerzen machen große Kleckse, was für Laternen ganz gut wirkt. Wird das Blatt beim Tropfen schräg gehalten, erzeugen die Wachstropfen längliche Formen.
Bei der großen Laterne auf dem Foto rechts unten wurde flüssiges Wachs mit einem Pinsel aufgemalt. Dazu gibt man Kerzen-

Durch abwechselndes Auftropfen von Wachs und Übermalen mit verschiedenen Farbschichten entsteht effektvolles Wachstropfenpapier.

WENN DIE TAGE KÜRZER WERDEN

reste in eine Blechdose und schmilzt das Wachs.
Batikpapier eignet sich natürlich auch für andere Verwendungszwecke wie Weihnachtskarten, Bucheinbände oder zum Beziehen von Schachteln.
Aus dem Tropfbatikpapier entstehen nun die bunten Laternen.

So wird's gemacht:

1. Für die kleineren Tischlaternen reicht eine kleine Käseschachtel und ein DIN-A4-Batikpapier. Dieses wird etwa 13 cm breit in voller Blattlänge abgeschnitten. Bei größeren Käseschachteln sollte das Tropfbatikpapier im DIN-A3-Format sein. Probiere zunächst aus, ob das Papier um den Schachtelrand paßt. Die Laterne darf nicht zu hoch werden, sonst kannst du sie später nicht mehr anzünden. Lege das Papier um den Käseschachtelboden, markiere den Umfang und schneide es mit 2 cm Kleberand zu.
2. Ziehe den Batikpapierstreifen vorsichtig mit der Innenseite nach unten über eine Tischkante. Er wölbt sich jetzt von selbst und läßt sich leichter ankleben.
3. Den Käseschachtelrand mit Klebstoff bestreichen und am besten zu zweit mit dem Batikpapier umkleben.
4. Bei der großen Laterne muß der obere Rand noch mit einem 3 cm breiten Kartonstreifen verstärkt werden.

Eine einfache Käseschachtel läßt sich mit aufgeklebtem Tropfbatikpapier in eine bunte Tischlaterne verwandeln. Mit einem Drahtbügel kannst du sie überall hintragen (oben).

Diese farbenfrohen Laternen leuchten bei einem Umzug in der Dämmerung sehr geheimnisvoll. Bei der großen Laterne rechts wurde flüssiges Wachs mit einem Pinsel aufgemalt.

WENN DIE TAGE KÜRZER WERDEN

WENN DIE TAGE KÜRZER WERDEN

Sternlaterne aus Metallfolie

Mit Metallfolie kann man sich leicht verletzen. Deshalb Gewußt wie? *auf Seite 156 durchlesen.*

Eine Laterne, die sicher mehrere Jahre hält und sich für drinnen und draußen eignet.

So wird's gemacht:

1. Die Vorlage auf Seite 48 stellt die halbe Laterne dar – eine Seite und den halben Boden.
Kopiere die Konturen auf Zeichenblockpapier. Falte das Papier so, daß du zwei Schablonen ausschneiden kannst.
2. Klebe die beiden Laternenhälften in der Mitte des Bodens zusammen.
Die Schablone wird auf die Innenseite der Metallfolie geklebt.
3. Drücke auf einer Unterlage die Umrisse durch. Dabei die Bodenumrandung mit angelegtem Lineal durchprägen.
4. Nimm das Papier ab und schneide die Form aus. Rolle sie mit dem Wellholz glatt.
5. Entschärfe die Kanten, indem du sie mit kleinen Strichen am Rand entlang musterst.
6. Stich auf einem weichen Untergrund (Pappe oder Styropor) mit der Nadel Löcher in die beiden Sternhälften. Weite diese Löcher mit einem Bleistift aus.
7. Rolle die Form glatt. Biege die Sternhälften und die seitlichen Bögen nach oben.
Achte darauf, daß die Biegung genau an der Bodenkante erfolgt.
8. Jetzt fehlen noch ein Teelicht und ein Bügel zum Tragen.
Zwicke dazu einen 30 cm langen Draht ab. Bohre zwei Löcher in die oberen Sternspitzen. Stecke die Drahtenden durch und biege zwei Haken so, daß der Draht hält. Das Teelicht wird in der Mitte der Laterne eingeklebt.

Wenn die Laterne heller leuchten soll, verwende zwei Teelichter. Für einen Laternenumzug muß noch ein Rundholzstab wie bei der Tropfbatiklaterne befestigt werden.

So gestaltest du:

Auf die gleiche Weise stellst du aus der Baumvorlage auf Seite 49 eine Tannenbaumlaterne her. Kugeln und Kerzen werden durch eingestochene Löcher nachgeahmt. Je mehr Löcher du einstichst, desto heller leuchtet deine Laterne.
Zweige und Tannennadeln lassen sich einprägen.
Erfinde auch eigene Motive, beispielsweise eine Kapelle oder einen Engel. Du kannst dir dazu die Vorlagen bei den Weihnachtskarten vergrößern.

Du brauchst:
Metallfolie
 30 x 40 cm und
 0,15 mm stark
Zeichenblock
Klebestreifen
stärkere Schere
Wellholz
Stopfnadel oder
 Sticker
Stricknadel
Kugelschreiber
Bleistift
Lineal
dicke Pappe oder
 Styroporplatte
Drahtbügel

Leuchtende Sterne aus Metallfolie eignen sich für einen Laternenumzug im Freien ebenso wie zur häuslichen Dekoration.

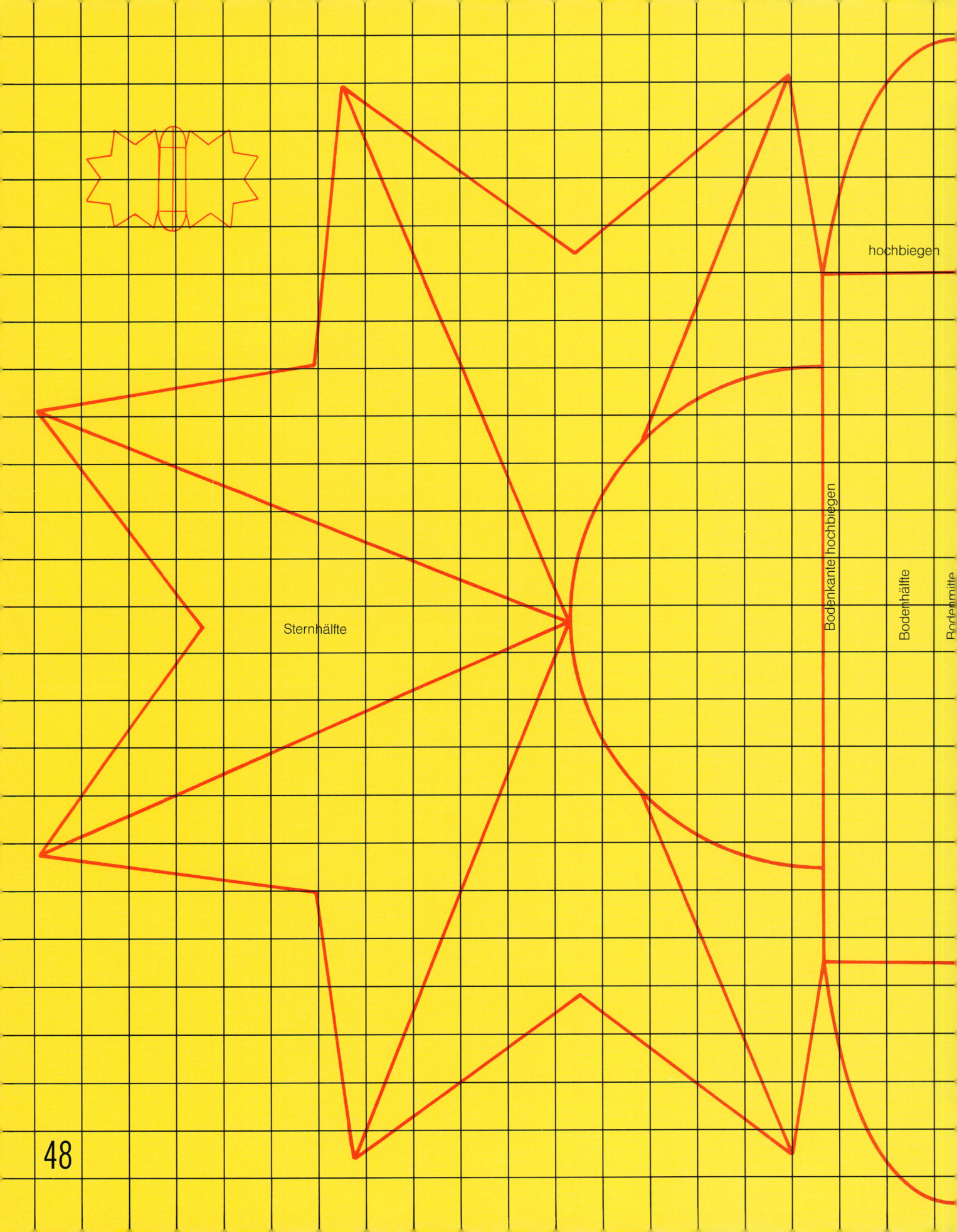

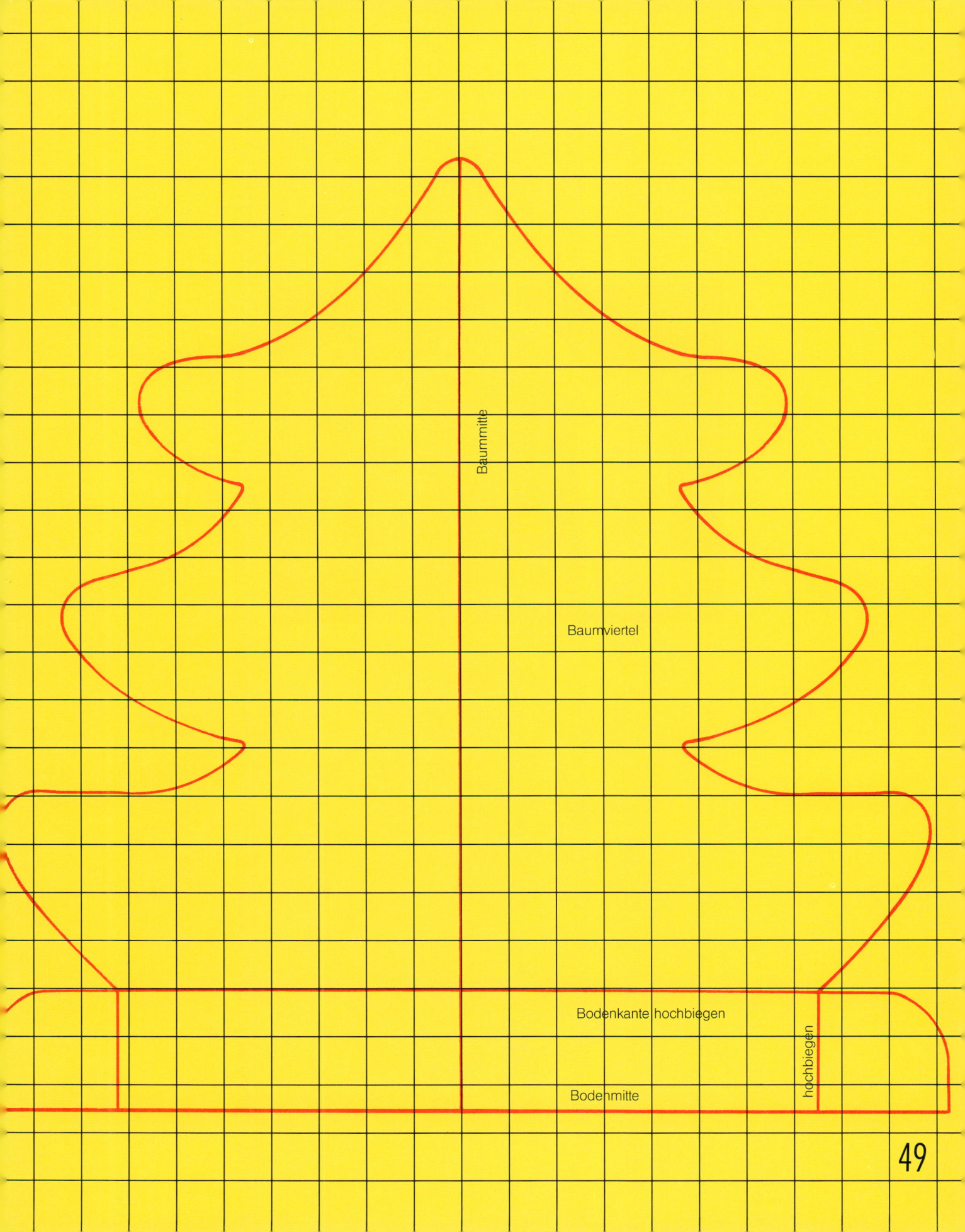

WENN DIE TAGE KÜRZER WERDEN

Faltschnitt-Paravent

Ein Faltschnitt-Paravent verbreitet gemütliches Licht auf dem Tisch, auf der Kommode und auf dem Nachtkästchen.

Du brauchst:
1 Bogen schwarzes Tonpapier, 35 x 50 cm
Transparentpapier DIN A 4
Zeichenblockpapier
Bleistift
Lineal
kleine Schere
Klebstoff
Bügeleisen

So wird's gemacht:

1. Übertrage erst die Paraventvorlage auf Seite 52 auf Zeichenpapier.
2. Schneide die Schablonenhälfte und anschließend die Innenlinien aus.
Dazu knickst du den Seitenflügel in der Mitte.
Lege die Vorlage auf das doppelt gefaltete Tonpapier.
Die Schablonenmitte liegt an der Bugkante des Tonpapiers.
3. Halte die Schablone mit Hilfe von Büroklammern fest und zeichne die Umrisse sowie die Innenlinien sorgfältig auf das Tonpapier.

Die Vorlage zu diesem stimmungsvollen Faltschnitt-Paravent (oben) findest du auf Seite 52, die Vorlage für den Tannenbaum (unten) auf Seite 53. Mit etwas Geschick und Geduld beim Falten und Schneiden zauberst du eine kleine, festlich beleuchtete „spanische Wand" für den Weihnachtstisch.

WENN DIE TAGE KÜRZER WERDEN

4. Lege die Schablone auf den zweiten Seitenflügel des Tonpapiers und zeichne dort ebenfalls die Musterung auf.

5. Falte den Paravent in der Mitte und schneide das innere Fenster sowie den oberen Bogen sorgfältig aus. Anschließend knickst du die Seitenflügel um und schneidest die Bögen aus.

6. Auf die gleiche Art wird der Rahmen für den Tannenbaum ausgeschnitten.
Bügle zwischen alten Zeitungen die Knicke aus.

7. Klebe auf die Rahmenseite mit den Bleistiftlinien gelbes Transparentpapier und schneide es exakt am äußeren schwarzen Tonpapierrand ab.

8. Der Baum wird genauso auf grünes Transparentpapier und der untere Teil auf ein rotes Stück geklebt. Wichtig ist wieder das genaue Zuschneiden am Rand. Jetzt den Baum in die Mitte des Paravents kleben und verzieren. Kleine Sternchenaufkleber als Schmuck lassen sich schnell herstellen.

So verzierst du:

Der abgebildete Baum ist mit kleinen Sternchen geschmückt. Dazu wird ein Kreis, etwa so groß wie ein Zweimarkstück, dreimal gefaltet. Der obere Bogen wird zu einer Spitze geschnitten. Wenn du dir dazu mehrere Transparentpapiere zusammenlegst, lassen sich gleich viele Kreise ausschneiden.
Wer's leichter will, reißt einfach Kreise aus Transparentpapier und klebt diese als Kugeln auf.

Statt eines Weihnachtsbäumchens mit Sternenschmuck in der Mitte des Paraventrahmens (unten) sieht auch ein Engel oder eine Glocke ganz gut aus. Eine Glockenvorlage findest du auf Seite 53. Ein Teelicht hinter dem Paravent verbreitet geheimnisvolles Dämmerlicht im ganzen Raum.

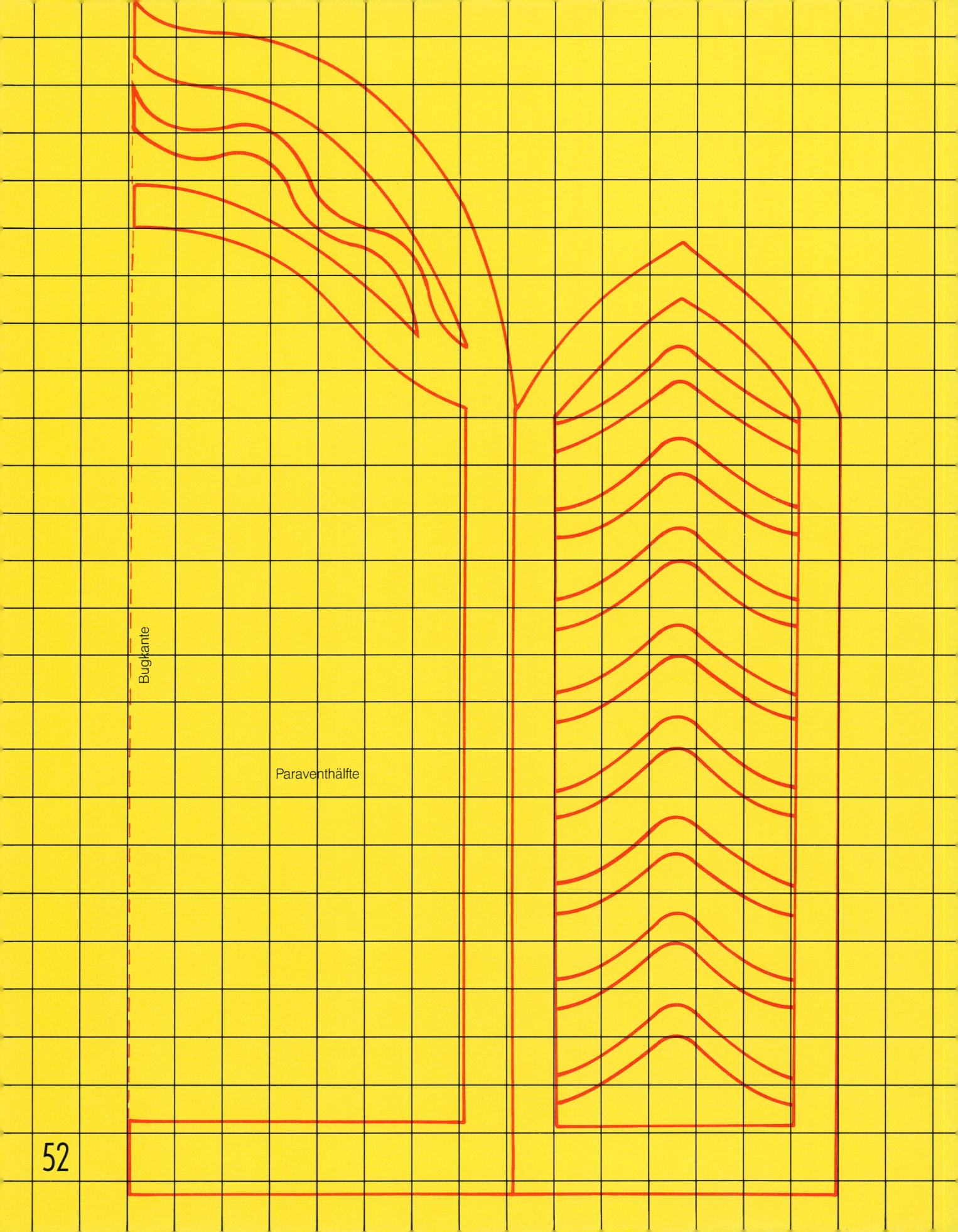

WENN DIE TAGE KÜRZER WERDEN

Beim Anblick dieses – vor allem auch im Dunkeln – leuchtenden Sternen- und Baumfensters freust du dich jeden Tag ein wenig mehr auf den Heiligen Abend.

WENN DIE TAGE KÜRZER WERDEN

Leuchtende Faltschnittsterne

Der ideale Bastelspaß für lange Winterabende.

Du brauchst:
weißes Schreibpapier
Transparentpapier
Schere
Bleistift
Klebstoff
Glittersternchen
Gläser und Untertasse für Kreise
Bügeleisen
alte Zeitungen

Große und kleine Bastler können sich an der Ausschmückung des Winterfensters beteiligen.
Kein Stern gleicht dem anderen. Bei diesen Faltschnittüberraschungen möchte man gar nicht mehr aufhören.

Faltsterne

So wird's gemacht:

1. Zeichne mit Hilfe von Gläsern und Untertassen verschieden große Kreise auf weißes Papier. Schneide diese aus.
2. Falte die verschiedenen Kreise in der Mitte zur Hälfte, auf ein Viertel und ein Achtel.
Bei der Achtelfaltung knickst du zwei Papierlagen nach oben und zwei nach unten. Die so entstandene Zickzackfaltung läßt sich später leichter schneiden.
3. Zeichne dir an die Bugkanten mit dem Bleistift halbe Formen. Zwischen den angezeichneten Bögen und Ecken sollen schmale Stege bleiben. An die obere Rundung zeichnest du eine breite Zacke.
4. Schneide die Formen sorgfältig aus, so daß ein dünnes Papiergerippe entsteht.
Falte den Stern vorsichtig auf, und du wirst staunen, was für ein schönes Ornament entsteht.
5. Bestreiche die schmalen Stege mit wenig Klebstoff und lege den Stern auf das Transparentpapier.
6. Bügle den Stern zwischen zwei alten Zeitungsblättern glatt. Jetzt kannst du das überstehende Transparentpapier entlang der Sternenform abschneiden.

Tannenbäume

So wird's gemacht:

1. Für die Bäume wird ein Bogen Papier längs gefaltet. An der Bugkante entlang zeichnet man den halben Baum. Die Bugkante bildet so die Mitte des Baumes.
2. Schneide diesen Baum aus. Zeichne mit dem Bleistift einen 1,5 cm breiten Rand. Schneide das Innere des Baumes heraus, so daß nur der Rand übrigbleibt.
3. Diesen Baumrand wie bei den Sternen auf Transparentpapier kleben, bügeln und am äußeren Rand nachschneiden.

So verzierst du:

Du kannst für Sterne und Bäume auch buntes oder schwarzes Papier verwenden.
Die Bäume verzierst du mit Sternchen aus Goldfolie, Glitter oder Transparentpapier. Bis zum Heiligen Abend hast du ein leuchtendes Fenster.

Falt- und Schnittanleitung für transparente Faltschnitt-Sterne (unten): Wichtig ist dabei, daß du wie bei Punkt 4 diese Achtelfaltung so legst, daß eine Zickzackform entsteht. Als Muster zum Ausschneiden eignen sich Halbkreise und Dreiecke. Jeder Stern überrascht, denn jeder wird anders.

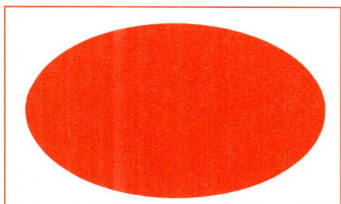

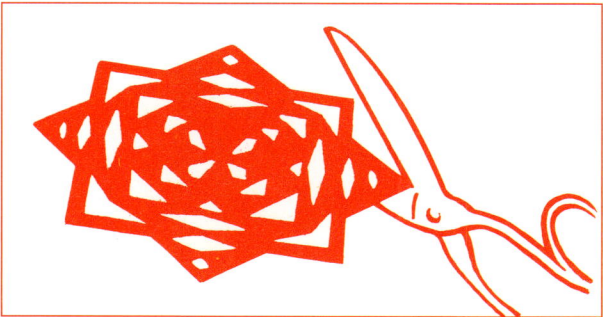

WENN DIE TAGE KÜRZER WERDEN

Phantasievolle Schneekristalle

Du brauchst:
weißes Schreibpapier
Bleistift
kleine Schere
kleinen Kuchenteller
weißen Faden
Stopfnadel
umweltverträglichen
 Haarspray
Plakagoldfarbe
Pinsel
Ast

Wie ganz große Schneeflocken hängen diese Schneekristalle im Zimmer.

*Die Schneekristalle, die an diesem weißen Mobile (rechte Seite) von der Zimmerdecke hängen, sehen wie große Schneeflocken aus.
Durch leichten Luftzug geraten sie schon in Schwingung und schaukeln in sanftem Rhythmus wie echte Schneeflocken, die vom Himmel fallen.*

Betrachtet man Schneeflocken stark vergrößert, beispielsweise unter der Lupe, so sehen sie aus wie diese phantasievollen Schneekristalle, die du selbst basteln kannst. Mit ihnen zauberst du dir eine heimelige Atmosphäre ins Zimmer.

So wird's gemacht:

1. Zeichne mit dem Kuchenteller Kreise auf das Papier und schneide diese aus.
Wie bei den Faltschnittsternen beschrieben, werden diese Kreise zu einem Achtel gefaltet.
2. Jetzt zeichnest du ein Muster in das Innere der gefalteten Spitze. Die Bugkanten bleiben dabei unberührt.
Damit du den richtigen Kniff herausbekommst, lege dein erstes gefaltetes Papier neben die Grafik auf dieser Seite und zeichne die Linien auf deiner Spitze nach.
3. Schneide die inneren Linien aus. Falte die Kristallform auf und bügle sie zwischen zwei alten Zeitungsblättern glatt.
4. Fädle einen Faden durch die Stopfnadel und ziehe ihn als Aufhänger durch die Kristallspitze.
5. Male einen Ast mit Goldfarbe an. Lasse ihn dir an einem passenden Platz aufhängen.
Hänge Schneekristalle in unterschiedlicher Höhe an den Ast.

So verzierst du:

Vor einem dunkleren Hintergrund kommen die weißen Kristalle besonders gut zur Geltung. Andererseits wirken sie wie bunte Sterne, wenn sie aus verschiedenfarbigen Faltpapieren geschnitten werden.
Sehr dekorativ sehen sie auch an einem Tannenzweig aus.
Für kleinere Kinder ist die Achtelfaltung oft zu dick zum Schneiden. Sie falten das Papier deshalb nur zweimal zu einem Viertel und erhalten einen vierzackigen Kristall.
Mit etwas Übung können in die Bugkanten noch kleine Bögen geschnitten werden. Dadurch erscheint der Schneekristall noch filigraner. Mit verschiedenfarbigem Faltpapier erhältst du bunte Weihnachtssterne.

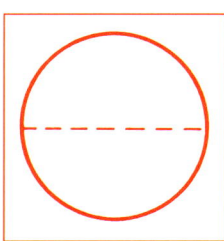
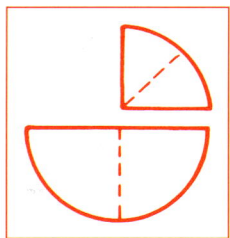

WENN DIE TAGE KÜRZER WERDEN

WENN DIE TAGE KÜRZER WERDEN

Du brauchst:
Heu- oder Steckkranz, Durchmesser 22–25 cm
Blumenstieldraht
grünen Wickeldraht
Steckkrampen
Seitenschneider
Schere

Steckmaterial:
Zweige von Tannen Kiefern, Eiben, Scheinzypressen, Buchs
immergrüne Blätter, z. B. von Efeuranken oder Rhododendron
getrocknete Beeren
Trockenblumen
Kiefernzapfen
Walnüsse
Erdnüsse
passende Schleifen und Bänder, ca. 2,50 m lang

zum Einbinden oder Anhängen:
Kleine Spielsachen
Bonbons
in Seidenpapier eingewickelte kleine Überraschungen

Adventskränze aus Buchs und Zweigen wirken alleine schon mit Kerzen sehr festlich. Welche Überraschung, wenn sie dann auch noch – wie bei diesem prachtvollen Kranz hier – mit kleinen Spielsachen, putzigen Geschenken und süßen Naschereien behängt oder besteckt sind (rechte Seite oben).

Kränze aus Zweigen

Bezaubernde Kränze für die Adventszeit.

Ob als festlicher Türschmuck, als Adventskranz oder zum Verschenken, diese Kränze sind ganz leicht zu stecken.

So wird's gemacht:

1. Schneide die Zweige zum Bestecken des Kranzes in kleine Stücke. Einzelne dünne Zweige bindest du mit Draht zusammen.
2. Stecke die Zweige mit Krampen oder Drahtbögen um den Kranz. Die Zweige müssen immer in eine Richtung zeigen.
3. Stark abstehende Teile kann man nun kürzen.
Wenn der Kranz zu struppig aussieht, umwickle ihn noch mit Bindedraht.
4. Schneide die Bänder zur Verzierung in 50 cm lange Stücke. Diese legt man zu Schleifen zusammen.
Die Schleifen werden fest mit Draht umwickelt. Die Drahtenden dabei gut verdrehen. Sind sie fertig, stecke sie mit Krampen in den Kranz.

So verzierst du:

Bei den Verzierungsmöglichkeiten sind keine Grenzen gesetzt.

Verschenke doch mal kleine Spielsachen in einem Kranz. Diese werden mit Draht umwickelt und in die Zweige eingebunden. Die Drahtenden dabei wieder gut verdrehen.

Ein einfacher Heu- oder nackter Steckkranz verwandelt sich binnen kurzer Zeit in einen saftig grünen Adventskranz. Krampen zum Stecken und grüner Wickeldraht bringen die Zweige in Form und halten sie dauerhaft zusammen. Verzieren läßt sich das Gebinde mit bunten Schleifchen und Bändern, Wal- oder Erdnüssen, mit Trockenblumen, Kiefernzapfen und getrockneten Beeren. Der Phantasie sind dabei kaum Grenzen gesetzt.

WENN DIE TAGE KÜRZER WERDEN

Du brauchst:
dünne Birkenzweige
Blumenstieldraht
immergrüne Blätter wie Efeuranken
Lorbeerblätter
Moos
Bänder, Schnüre oder Glitzerranken, ca. 2 m lang
Bonbons
Sterne aus Metallfolie
Seitenschneider
Schere

Dieser Birkenkranz bleibt lange grün, weil er mit immergrünen Blättern und Zweigen besteckt wurde. Für die Adventszeit schmücke ihn mit Sternen aus Metallfolie. Im Herbst oder nach Weihnachten kannst du die Sterne durch geprägte Blätter ersetzen. Gepreßte Blätter dienen hierzu als Vorlage.

WENN DIE TAGE KÜRZER WERDEN

Immergrüner Birkenkranz

Schönes Grün in der Winterlandschaft.

Dieser Kranz sieht durch seine grünen Blätter und das Moos auch nach der Weihnachtszeit noch schön aus.

So wird's gemacht:

1. Biege einen Birkenzweig zu einem Ring, etwas größer als die gewünschte Kranzgröße.
2. Verschlinge die Zweigenden miteinander und binde sie mit Draht fest.
3. Drehe noch einen zweiten Birkenzweig um den Kranz und drahte ihn wieder fest.
4. Jetzt kann geschmückt werden: Schlinge Efeuranken und Glitzerschnüre um den Kranz.
5. Binde mehrere Blätter und Moosbüschel mit Draht zusammen und drehe den Draht um die Birkenzweige.
6. Schmücke den ganzen Kranz noch mit leckeren Bonbons und gelegten Schleifen.

Die Schleifen für die Kränze legst du wie oben gezeigt und hältst sie in der Mitte mit Draht zusammen.

Für einen Birkenkranz benötigst du keinen Heu- oder Steckkranz, sondern nur zwei dünne Birkenzweige: Einen biegst du zu einem Ring zurecht, den zweiten drehst du um den ersten und drahtest ihn fest. Efeuranken, Moosbüschel, Glitzerschnüre und Sterne aus silberner und goldener Metallfolie verwandeln den schlichten Birken- in einen schönen Adventskranz.

WENN DIE TAGE KÜRZER WERDEN

Du brauchst:
**2 Ginsterzweige
Blumenstieldraht
grünen Wickeldraht
Zweige von Nadel-
 bäumen und
 immergrüne Blätter
Kiefernzapfen
getrocknete Beeren
 oder Blumen
passende Schleifen,
 ca. 2,50 m lang
Plakagoldfarbe
Silbersternchen
Seitenschneider
Schere**

*Zutaten für Mandel-
 plätzchen:*
**250 g Mehl
125 g Butter
80 g Zucker
125 g Mandeln,
 gemahlen
1/2 Teel. Zimt
1 Ei
Ausstechformen
Holzstäbchen
Backpapier**

*An diesem halbrun-
den Ginsterkranz darf
genascht werden.
Seine Dekoration aus
getrockneten Lampi-
ons und goldenen
Kiefernzapfen, Silber-
sternchen aus Metall-
folie und das Plätz-
chengehänge verbrei-
tet eine vorweihnacht-
liche Stimmung.*

Halbkranz aus Ginsterzweigen

Es darf genascht werden, denn vor Weihnachten schmecken die Plätzchen am besten.

Ginster gibt es das ganze Jahr beim Gärtner zu kaufen. Er läßt sich mühelos biegen und wirkt auch wenig besteckt sehr schön.

So wird's gemacht:

1. Lege zwei Ginsterzweige gegeneinander und binde die Enden mit Draht zusammen.
2. Umwickle den ganzen Bogen locker mit Wickeldraht.
3. Verdrehe Blattstiele und Zweige mit Draht, stecke sie an den Halbkranz und verdrehe die Enden.
Beginne an einer Seite und laß die Zweige immer in eine Richtung stehen.
4. Jetzt braucht man noch eine Halterung, um die Plätzchen einzuhängen. Lege hierzu einen Drahtbogen auf die Rückseite des Halbkranzes.
Verdrehe den Draht an den Enden der Zweige. Mit kleinen, gebogenen Haken können die Plätzchen in diesen Drahtbogen eingehängt werden.

So verzierst du:

Der abgebildete Kranz wurde bedeckt mit Silbersternchen aus Metallfolie, getrockneten Lampions und Kiefernzapfen. Die Zapfen sind mit Goldfarbe angemalt. Genauso könnten auch kleine Kugeln, Bonbons, Strohsterne oder Geschenkpäckchen die Verzierung bilden.

Mandelplätzchen

Sind alle Plätzchen am Kranz aufgegessen, hänge einfach wieder neue daran.
Alle Zutaten (du findest sie auf Seite 62) in eine Schüssel geben und mit den Knethaken eines Rührgerätes vermischen.
Anschließend den Teig mit der Hand gut durchkneten und 30 Minuten kühl stellen.
Eine Arbeitsfläche mit Mehl bestreuen und darauf ein Teigstück 0,5 cm dick auswellen.
Den restlichen Teig zwischenzeitlich immer wieder in den Kühlschrank stellen.
Aus der Teigplatte Sterne und Herzen ausstechen.
Innen aus den Sternen kleine Sterne oder Kreise ausstechen.
In die Herzen mit einem Holzstäbchen ein Loch für die Aufhängung bohren.
Die Plätzchen auf ein mit Backpapier ausgelegtes Blech legen.
Backzeit: 10–15 Min. bei 180 °C.

Zwei Ginsterzweige lassen sich mühelos zu einem Kranz binden. Als Türschmuck mit Blumengestecken dient er auch noch nach Weihnachten als freundliche Begrüßung.

Als Halterung für die Plätzchen legst du einen Drahtbogen auf die Rückseite des Halbkranzes. Mit Haken hängst du die Plätzchen nun in diesen Drahtbogen ein.

Mooskegel als Weihnachtsbäumchen

Dieses Moosbäumchen im Blumentopf sieht auf dem Nachtkästchen sehr dekorativ aus.

Du brauchst:
1 Styroporkegel, Durchmesser 9 cm
1 Blumentopf Durchmesser 11 cm
Islandmoos aus dem Bastelgeschäft oder echtes Moos
getrocknete Beeren
kleine Blätter
Lärchenzapfen
Sternengirlande
Steckkrampen
breite Goldschleife
Klebstoff
Schere
Zeitungspapier

So wird's gemacht:

1. Beklebe den Styroporkegel mit Moosflecken. Trockenes Islandmoos muß zuerst in etwas Wasser aufquellen, bevor es in kleinen Büscheln trocken aufgeklebt wird.
2. Sobald der Kegel mit Moos bedeckt ist, können kleine Blätter, Beerchen und Zapfen darauf geklebt werden.
3. Jetzt die Sternchengirlande um den Kegel drehen und mit Krampen feststecken.
4. In den Blumentopf Zeitungspapier knüllen, den Kegel darauf kleben und mit einer großen Schleife schmücken. Mit Erdnüssen oder Anissternen bestecken.

So verzierst du:

Nach Weihnachten kann die Sternchengirlande durch ein passendes Band oder eine Efeuranke ersetzt werden.
Es muß nicht unbedingt Moos sein. Besonders edel sehen aufgeklebte Lorbeerblätter aus, die du mit Goldfarbe anstreichst.

Dieses etwas andere weihnachtliche Moosbäumchen braucht nicht viel Material. Die Basis bilden ein Styroporkegel, ein Blumentopf und etwas Moos.

WENN DIE TAGE KÜRZER WERDEN

Dieses entzückende Weihnachtsbäumchen wirkt mit seiner großen goldenen Schleife gerade auch auf kleinstem Raum und verbreitet eine festliche Stimmung. Das Kegelbäumchen kann auch einen Stamm bekommen. Dafür läßt du dir ein 20 cm langes Aststück abschneiden. Unten in den Kegel ein Loch bohren und den Ast einkleben. Mit geknüllter Zeitung den Stamm in den Blumentopf einbauen. Das Papier mit aufgeklebtem Moos verdecken.

WENN DIE TAGE KÜRZER WERDEN

Du brauchst:
24 Streichholzschachteln, gibt's auch unbedruckt in Bastelgeschäften zu kaufen
1 Bogen weißes Schreibpapier
Bleistift
Malkasten
Schere
Klebstoff
24 kleine Überraschungen

Adventspuzzle

Ein Puzzle gefüllt mit 24 kleinen Überraschungen. An jedem Adventstag darfst du eine Schachtel öffnen.

Diese Adventskalender zum Puzzeln machen viel Spaß.

So wird's gemacht:

1. Kopiere die Vorlage auf Seite 68 und 69 auf das Papier. Ein Kästchen entspricht der Größe einer Streichholzschachtel.
2. Male das Bild schön aus, aber achte darauf, daß das Raster darunter noch zu sehen ist. Natürlich kannst du auch nur das Raster übertragen und dein eigenes Bild daraufmalen.
3. Schneide das gemalte Bild entlang der Rasterlinien mit einer Schere in 24 Teile. So entstehen kleine Bildchen, denen man nicht gleich ansieht, daß sie zusammenpassen.
4. Klebe jedes Bildchen auf eine Streichholzschachtel. Sind sie angetrocknet, legst du in diese Puzzleteile Überraschungen.

Jetzt darf gespielt werden. Setze dein Puzzle zusammen.
Laß es auch von deinen Freunden zusammenlegen. Wer schafft es am schnellsten?

So gestaltest du:

Male auf das Raster dein eigenes Puzzle, beispielsweise einen Tannenbaum mit vielen schönen Geschenken. Eine schneebedeckte Winterlandschaft mit Tieren am Futtertrog. Eine Schlittenfahrt oder was dir so gefällt.
Im vorgegebenen Raster kannst du auch ein schönes Bild aus einer Zeitung oder aus einem Comic-Heft schneiden und daraus ein Puzzle machen.
Aus den Streichholzschachteln läßt sich auch ein Memoryspiel basteln. Statt eines ganzen Bildes malt man immer zwei gleiche Bilder auf zwei Schachteln.

Ein Nikolaus, der es in sich hat: In jeder Streichholzschachtel des Adventspuzzles (rechte Seite) versteckt sich eine kleine Überraschung – insgesamt 24 an der Zahl.

Jedes der 24 Bildchen wird auf eine Streichholzschachtel geklebt. Dann kann das Puzzeln mit deinen Freunden losgehen.

66

WENN DIE TAGE KÜRZER WERDEN

WENN DIE TAGE KÜRZER WERDEN

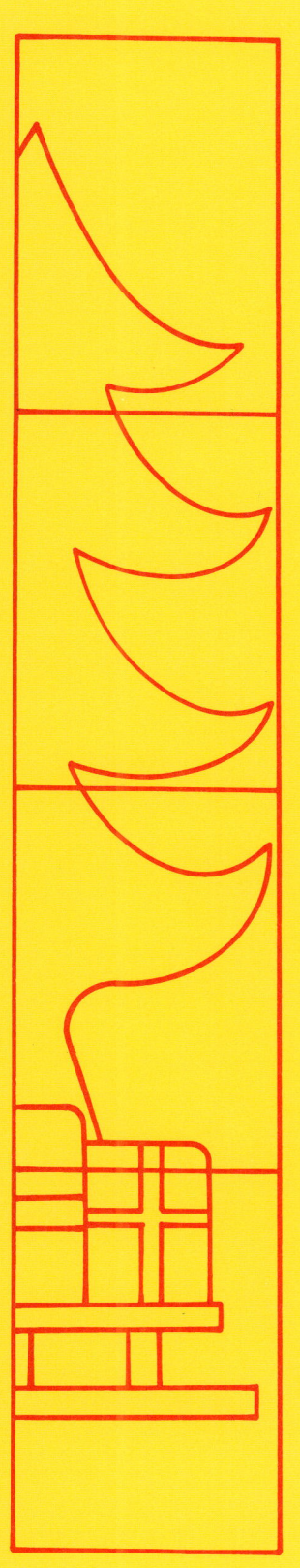

1. Aus dem Quadrat ein Dreieck falten.

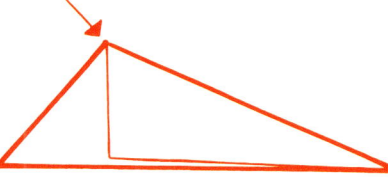

2. Eine schräge Seite zur Bugkante falten. Wieder auffalten.

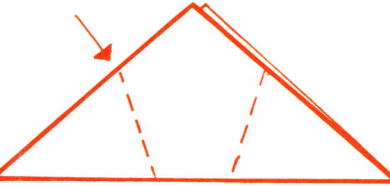

3. Die gegenüberliegende Spitze an die Markierung falten.

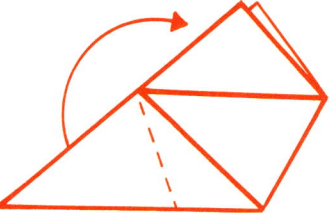

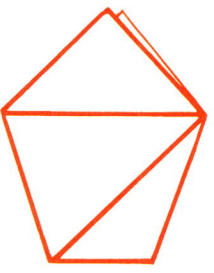

4. Die andere Spitze nach hinten an die neu entstandene Ecke falten.

5. Das Tütchen in der Mitte der Länge nach falten und einen Henkel entlang der gestrichelten Linie ausschneiden.

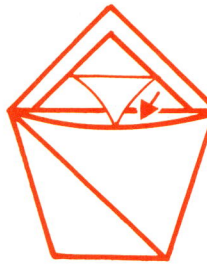

6. Die entstandenen kleinen Dreiecke nach unten falten; auf der Vorder- und Rückseite in die Schlitze stecken.

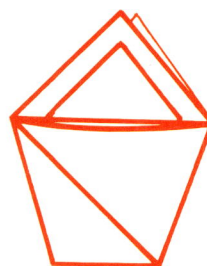

69

WENN DIE TAGE KÜRZER WERDEN

Ein putziges Teddybärchen, das nicht nur als Adventskalender dient. Wenn du keine Laubsäge hast, schneide dieses Bärchen einfach aus dicker Pappe aus. Auf der nächsten Seite findest du die Bastelanleitung für das Bärchen.
Anstelle der 24 Adventstütchen an seinen Armen und Beinen kannst du nach Weihnachten an seine Tatzen Haken schrauben. So hast du dann übers ganze Jahr ein praktisches Schlüsselbrett. Statt der Tütchen können auch eingewickelte Geschenke oder Plätzchen angehängt werden.

WENN DIE TAGE KÜRZER WERDEN

Adventstütchen

Der Teddy hält 24 Adventstütchen für dich bereit, eins für jeden Tag.

Für den richtigen Umgang mit der Laubsäge liest du zuerst Gewußt wie? auf Seite 155 durch.

Du brauchst:
1 Sperrholzplatte 31 x 42 cm, 4 mm stark
Laubsäge
Sägeblätter
Sägetischchen
feines Schleifpapier
Zeichenblock
Plakafarben
Pinsel
kleinen Bilderhaken
Schleife
Goldschnur
Bastelfolie
Klebstoff
24 kleine Überraschungen

So wird's gemacht:

1. Übertrage die Teddyvorlage auf ein großes Zeichenpapier. Falte dieses Papier an der Teddyhälfte und schneide diese doppelte Schablone entlang der Umrisse aus. Klappe die Schablone auf und zeichne die fehlenden Innenlinien ein.
2. Übertrage den Teddy auf die Sperrholzplatte.
3. Säge die Umrisse mit der Laubsäge aus. Beachte dabei den richtigen Umgang mit der Laubsäge, wie in *Gewußt wie?* auf Seite 155 beschrieben.
4. Schleife die Kanten glatt.
5. Bemale den Teddy mit brauner Plakafarbe. Verwende für die Schnauze, die Tatzen und die Ohren hellere Farben.
6. Befestige auf der Kopfrückseite in der Mitte den Bilderhaken. Sind die Nägel für das Sperrholz zu lang, lege ein Stück Kork oder Pappe dazwischen.
7. Schneide für die Adventstütchen aus festem Karton ein 15 x 15 cm großes Quadrat. Lege es auf die Bastelfolie und zeichne die Umrisse nach. Falte die Bastelfolie mehrmals, so daß die quadratische Schablone noch Platz hat. So kannst du mehrere Lagen auf einmal ausschneiden.
8. Falte die Adventstütchen nach den Zeichnungen auf Seite 69.
9. Stecke ein kleines Geschenk in jedes Tütchen und hänge sie mit Goldschnüren an die Arme und Beine des Bärchens.

So gestaltest du:

Wenn du Lust hast, male dem Teddy eine schicke Weste. Genauso wie den Teddy kann man auch einen Tannenbaum, Nikolaus oder Engel aussägen.

Diese niedlichen Kerzenständer sind einfach aus Sperrholzresten ausgesägt. Die Vorlagen hierfür findest du auf Seite 73. Die Teile werden hübsch bemalt und mit schnell trocknendem Holzleim auf eine Bodenplatte geklebt. Kleine Erlenzapfen ebenso wie Walnußhälften eignen sich als Kerzenhalter.

Schönes für die Adventszeit

SCHÖNES FÜR DIE ADVENTSZEIT

SCHÖNES FÜR DIE ADVENTSZEIT

Fächerfiguren

Rote Äpfelchen, funkelnde Sterne, runde Schneemänner und Tannenbäume zieren das Fenster als weihnachtliche Vorboten.

Du brauchst:
rotes und hellgrünes Tonpapier
weißes Schreibpapier
Bastelfolie
kleine Holzperlen
dünne Goldschnur oder Stickgarn
Karton
Bleistift
Schere
Klebstoff
Filzstifte
Malkasten

Äpfelchen und Tannenbaum

So wird's gemacht:

1. Für die Äpfelchen und den Tannenbaum überträgt man die Schablone von Seite 79 auf feste Pappe. Man braucht sechs Teile, entweder von der Apfel- oder von der Baumform.

2. Damit du nicht jedes Teil einzeln ausschneiden mußt, wird ein Papierstreifen zu einer Treppe gefaltet. Die jeweilige Schablone muß aber noch daraufpassen. Eine andere Möglichkeit besteht darin, einen Bogen Papier einmal längs und einmal quer zu falten. Nun die Schablone darauf legen, aufzeichnen und ausschneiden, und schon erhältst du mehrere Teile.
Wenn der Tannenbaum nicht ganz auf das gefaltete Papier paßt, lege die Mitte des Baumes an die Bugkante an. Zeichne den halben Baum auf und schneide die Teile im Faltschnitt aus.
Diesen Vorgang wiederholst du auf zwei weiteren gefalteten Papierbögen, und du erhältst sechs gleiche Teile.

3. Jede Apfel- oder Baumform wird der Länge nach einmal in der Mitte gefaltet. Die gefaltete Bugkante gut ausstreifen.

4. Klebe die Apfel- und Baumhälften bis auf das letzte Paar aneinander. Die geklebten Teile läßt du jetzt erst einmal einige Minuten trocknen.

5. Inzwischen wird eine etwa 40 cm lange Goldschnur durch eine Perle gefädelt und mit mehreren Knoten an einem Ende festgehalten.

6. Klebe diese Goldschnur in die Mitte des Apfel- oder Baumfächers. Die Perle steht unten heraus.
Jetzt können auch die beiden letzten Hälften aneinandergeklebt werden. Dadurch wird die Form geschlossen.
Die Äpfelchen und Tannenbäume sehen jetzt von allen Seiten gleich aus.

7. Die äußeren Kanten passen manchmal nicht genau aneinander. Schneide sie deshalb noch etwas nach.

Schneemann

So wird's gemacht:

1. Für den Schneemann braucht man nur vier gleiche Teile. Dazu wird weißes Schreibpapier wieder längs und quer gefaltet. Zeichne die Schablone auf und schneide die vier Teile ebenso wie die Äpfelchen aus.

2. Mit Wasserfarben oder Filzstiften malst du dem Schneemann auf eine Seite einen schicken Hut, einen Schal, lustige Augen, Knöpfe, einen Mund und eine Karottennase.

3. Falte diese vier Teile wieder in der Mitte. Die bemalte Seite liegt dabei innen.

4. Klebe die Hälften aneinander und in die Mitte eine Schnur als Aufhänger.

5. Die letzten Hälften zusammenkleben, und schon lacht dich der Schneemann an.

So gestaltest du:

In die Äpfelchen können auch drei gelbe oder grüne Teile eingeklebt werden.
Den letzten Pfiff bringt ein angeklebtes Blatt.
Die Sterne sind genauso gebastelt, nur wird hier Silberbastelfolie statt Tonpapier verwendet. Allerdings treffen die Sternzacken beim Zusammenkleben nie genau aufeinander. Der fertige Stern muß deshalb an den Zakken nachgeschnitten werden.

Die Tannenbäume, Äpfelchen und Schneemänner (auf der linken Seite) lassen sich aus Bastelfolie herstellen. Einfach zu schneiden und sehr dekorativ wirken auch gefächerte Herzen oder Glocken. Die Vorlagen hierzu findest du auf den beiden nächsten Seiten. Viele Motive sind möglich. Formen, die an beiden Seiten gleich sind, also im Faltschnitt ausgeschnitten werden, können so aufgefächert werden.

Sechs Teile von der Apfelform ergeben ein aufgefächertes Äpfelchen. Für den Schneemann brauchst du nur vier gleiche Teile. Die Schablonen für diese Fächerfiguren findest du auf Seite 79.

79

SCHÖNES FÜR DIE ADVENTSZEIT

Nikolaus- und Geschenktüten

Mal sehen, welche Überraschungen am nächsten Morgen in der Tüte stecken.

Du brauchst:
**Geschenkpapier oder Packpapier
passende Bänder oder Kordeln
Maßband
Lineal
Bleistift
Schere
Klebstoff
Locher**

zur Verzierung:
Tonpapier oder Filzreste, Plakafarben, Watte

Diese schönen Papiertüten sind einfach nachzumachen und erweisen sich als praktische und zugleich originelle Geschenkverpackungen.

Oft ist es für Kinder schwierig, Geschenke mit unregelmäßiger Form zu verpacken. Dafür sind Papiertüten ideal. Höhen und Breiten können, je nach Bedarf, beliebig verändert werden. Damit du das Faltprinzip besser lernst, stellst du zuerst eine Übungstüte aus Zeitungs- oder Schreibpapier her.

SCHÖNES FÜR DIE ADVENTSZEIT

So wird's gemacht:

1. Die Papiergröße für die Nikolaustüten beträgt 60 x 38 cm. Miß dieses Format mit dem Maßband auf dem Geschenkpapier ab. Markiere die Linien mit Bleistift und Lineal. Paßt dein Papier nicht für diese Maße, verändere die Höhe oder die Breite.

2. Schneide das Tütenpapier nach den aufgezeichneten Maßen zurecht. Markiere an der oberen und unteren Kante die Mitte.

3. Biege an der oberen Kante einen ungefähr 4 cm breiten Streifen nach innen um und klebe ihn fest. Jetzt ist der Rand verstärkt, und die Henkel reißen nicht aus.

4. Die beiden seitlichen Kanten werden je 1 cm über die markierte Mitte gefaltet. Das Papier sollte etwas übereinanderliegen, damit ein Kleberand vorhanden ist. Den inneren Rand dünn mit Klebstoff bestreichen und die zwei Papierhälften zusammenkleben. Achte darauf, daß Vorder- und Rückseite der Tüte innen nicht zusammenkleben.

5. Den unteren Teil der Tüte 10–15 cm nach oben falten und die Faltung wieder öffnen.

6. Die Ecken zur Mitte knicken, dabei die Kanten gut ausstreifen und dann die Ecken wieder zurücklegen.

7. Klappe die obenliegende Papierseite nach oben. Streife die dabei entstehende untere und obere Spitze gut aus.

8. Die beiden entstandenen Spitzen werden nach innen gefaltet. In der Mitte, wo die beiden Spitzen übereinanderliegen, festkleben. Aber nicht das Innere der Tüte mit ankleben.

9. Die seitlichen Spitzen und damit die Längsseite der Tüte nach vorne falten. Die Tüte umdrehen und diesen Bruch auf der Rückseite gegenfalten.

10. Anschließend die Tüte öffnen, den Boden ausbeulen, die Kan-

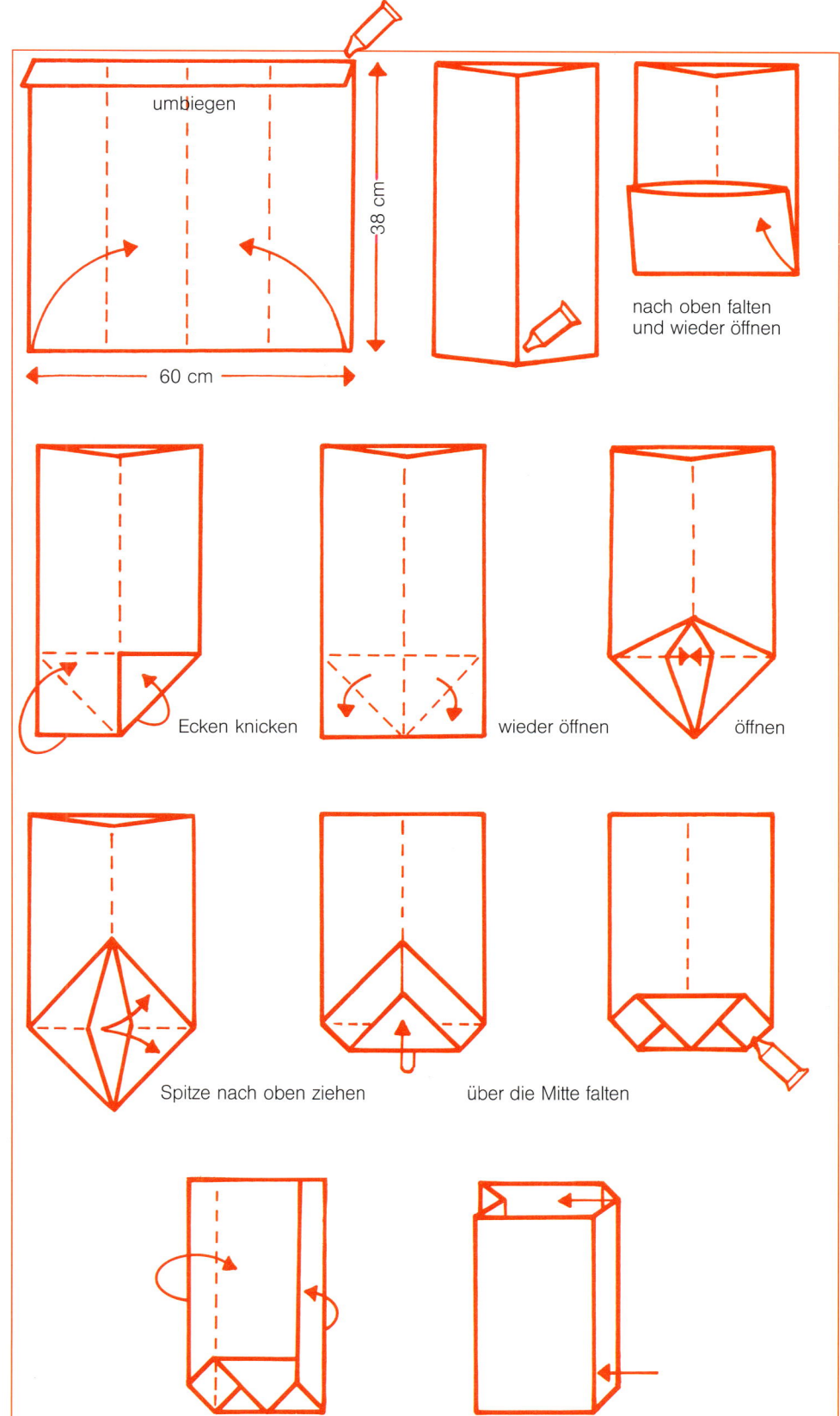

SCHÖNES FÜR DIE ADVENTSZEIT

Für den Nikolaus auf der grünen Tüte sind die Teile nach der Vorlage auf der nächsten Seite ausgeschnitten und aufgeklebt. Genauso klebst du auch einen Engel oder einen Tannenbaum auf.

ten nachstreifen und die Seiten nach innen drücken.

So verzierst du:

In jede Tütenseite zwei Lochungen eindrücken. Die Tütenmitte liegt an der markierten Lochermitte. Durch die Löcher kann eine passende Kordel oder ein Band für die Henkel durchgezogen werden. Es reichen zwei 25 cm lange Henkelteile. Die Enden werden innen zwei- bis dreimal verknotet.

Für kleine Tütchen reicht je ein Loch in der Mitte. Die Öffnung kann dann mit einem hübschen Band zusammengehalten werden, so daß man das Geschenk nicht gleich sieht. Das Format der Geschenktüte bleibt dir überlassen. Je nach Papiergröße ergeben sich hohe, schmale Tüten oder niedrige, breite Formen. Soll daraus eine Tasche werden, führe die Faltschritte einfach auf größerem und festerem Papier aus. Als Henkel eignen sich jetzt lange Bänder, damit die Tasche über die Schulter getragen werden kann.

Für eine gefaltete Tüte aus Packpapier oder anderem einfarbigem Papier gibt es viele Verzierungsmöglichkeiten.

Für den Nikolaus auf der grünen Tüte sind die Teile nach der Vorlage auf Seite 83 ausgeschnitten und aufgeklebt. Ein dichter Bart und ein Mützenrand aus Watte verdecken die Kleberänder. Genausogut kann der Nikolaus oder ein anderes Motiv mit Plakafarben aufgemalt werden.

Figuren und Formen, aus glänzender Bastelfolie oder aus anderen Geschenkpapieren ausgeschnitten, eignen sich immer gut zum Aufkleben.

Faltschnitte sind ein schnell herzustellender und zugleich kunstvoller Schmuck. Schneide einen Tannenbaum aus doppelt gefaltetem Papier aus. In die Bugkante lassen sich auch noch verschiedene Muster schneiden. Jetzt kannst du ihn, wie den Nikolaus, auf die Tüte kleben.

Sehr edel ziert ein Faltschnittstern aus glänzender Bastelfolie die Tüten. Auch mehrere kleine Sternchen, über die ganze Tütenvorderseite verteilt, machen sich sehr gut. Natürlich können diese Tüten auch aus Tropfbatikpapier gefaltet werden.

Bei der gelben Tüte machen aufgestempelte Kartoffeldruckformen die Papiermusterung aus.

Geschenkanhänger aus kleinen Weihnachtssternen wirken besonders reizvoll. Wie diese Sterne gebastelt werden, kannst du auf Seite 108 nachlesen.

Du kannst natürlich auch andere Sterne aus dem Buch als Verzierung verwenden. Der Ausgestaltung sind also überhaupt keine Grenzen gesetzt.

Viel Spaß bei deinen eigenen Erfindungen!

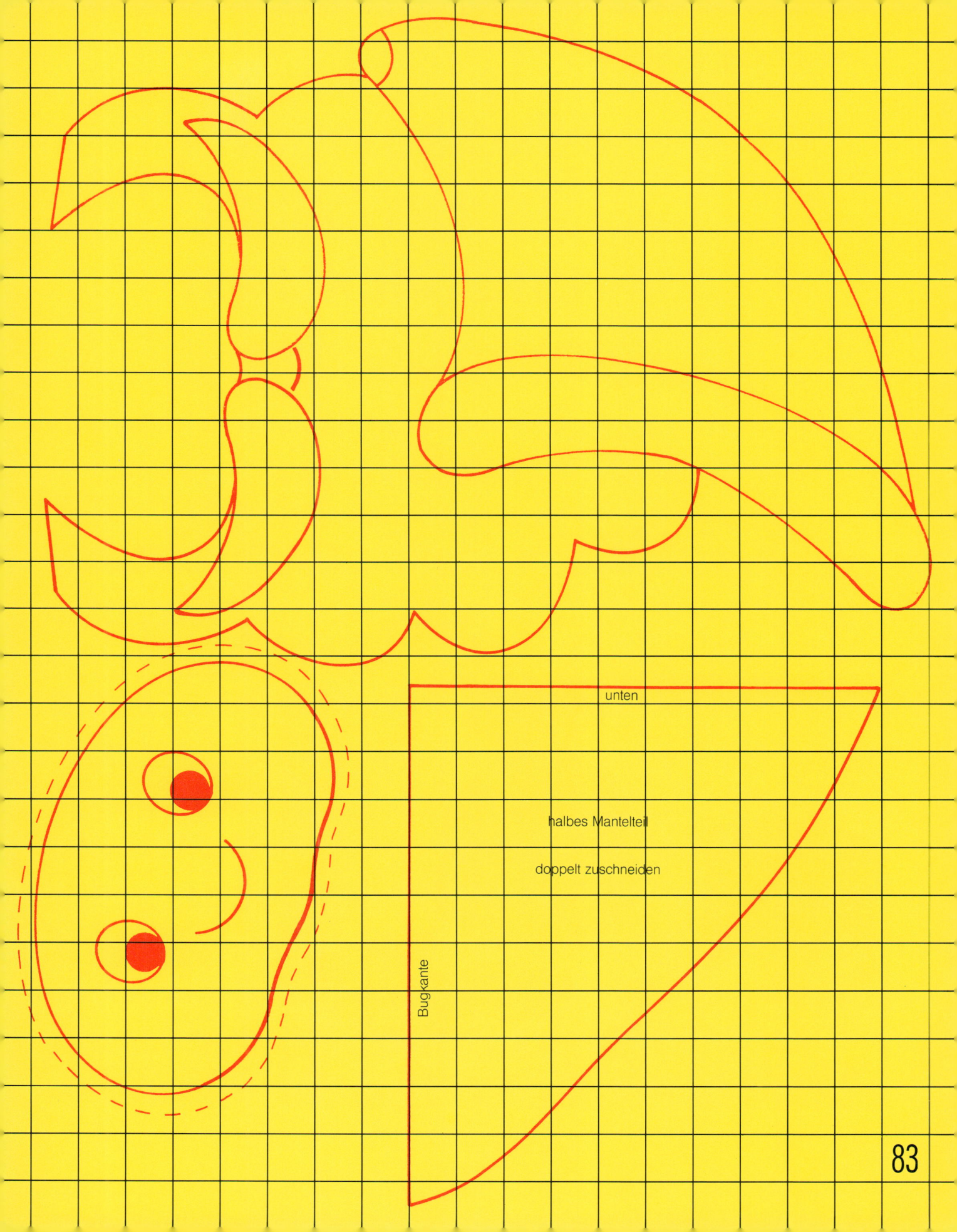

SCHÖNES FÜR DIE ADVENTSZEIT

Nikolausstiefel, Tannenbaum und Säckchen

Drei originelle Geschenkverpackungen, die auch gut unter den Weihnachtsbaum passen.

Du brauchst:
Geschenkpapier
rotes und grünes
  Tonpapier
evtl. roten Fotokarton
ovale und kleine
  runde Käse-
  schachtelböden
Kordel
Sternchenaufkleber
  oder Bastelfolie
Glitzerfarbe aus
  der Tube
Bleistift
Schere
Lineal
Klebstoff

Die Käseschachtel zwischen den beiden Formen (unten) fällt kaum auf: Sie ist mit der gleichen roten Tonpapierfarbe wie das Säckchen umklebt.

So wird's gemacht:

1. Übertrage die gewünschte Vorlage aus dem Buch auf Tonpapier. Es kann auch einfacher Pappkarton verwendet werden, der zuvor mit Geschenkpapier beklebt wird. Beim Nikolausstiefel wird es so gemacht.
Die Vorlage für den Tannenbaum ist die gleiche, wie sie für die Laterne aus Metallfolie auf Seite 47 verwendet wird.

2. Schneide zweimal das ausgewählte Motiv aus dem Tonpapier aus. Sobald das Papier eine unterschiedliche Vorder- und Rückseite hat, mußt du wie beim Stiefel darauf achten, daß die beiden Teile gegengleich ausgeschnitten werden.

3. Halte die beiden Teile an die Käseschachtel und überprüfe, ob sie die Schachtelgröße gut verdecken.

4. Damit mehrere kleine Geschenke in die Käseschachtel passen, wird der Rand erhöht. Dazu schneidet man von einem Bogen Tonpapier einen 13 cm breiten Streifen ab. Ziehe diesen Tonpapierstreifen über eine Tischkante. Jetzt rollt er sich und ist einfacher um den Schachtelrand zu kleben.
Am wenigsten fällt die Schachtel zwischen den beiden Formen auf, wenn du sie mit der gleichen Tonpapierfarbe umklebst wie das Grün des Baumes oder das Rot des Säckchens.

5. Bestreiche die umklebte Käseschachtel in der Mitte mit einer länglichen Klebelinie und drücke eines der beiden Teile daran. Habe etwas Geduld, bis es trocken ist. Anschließend klebst du das zweite Motiv ebenso an.

So verzierst du:

Der Weihnachtsbaum ist mit kleinen Sternchenaufklebern geschmückt. Die Kerzen sind mit Glitzerfarbe aufgemalt.
Du kannst auch Sternchen oder kleine Kugeln aus glänzender Bastelfolie ausschneiden und die beiden Baumseiten damit verzieren.
Der Nikolaussack wurde einfach mit Bleistift bemalt und mit Tonpapier beklebt.
Einen Hauch von Weihnachten bringen die aufgeklebten Sterne auf dem Nikolausstiefel. Der Stiefelrand ist aus Watte.

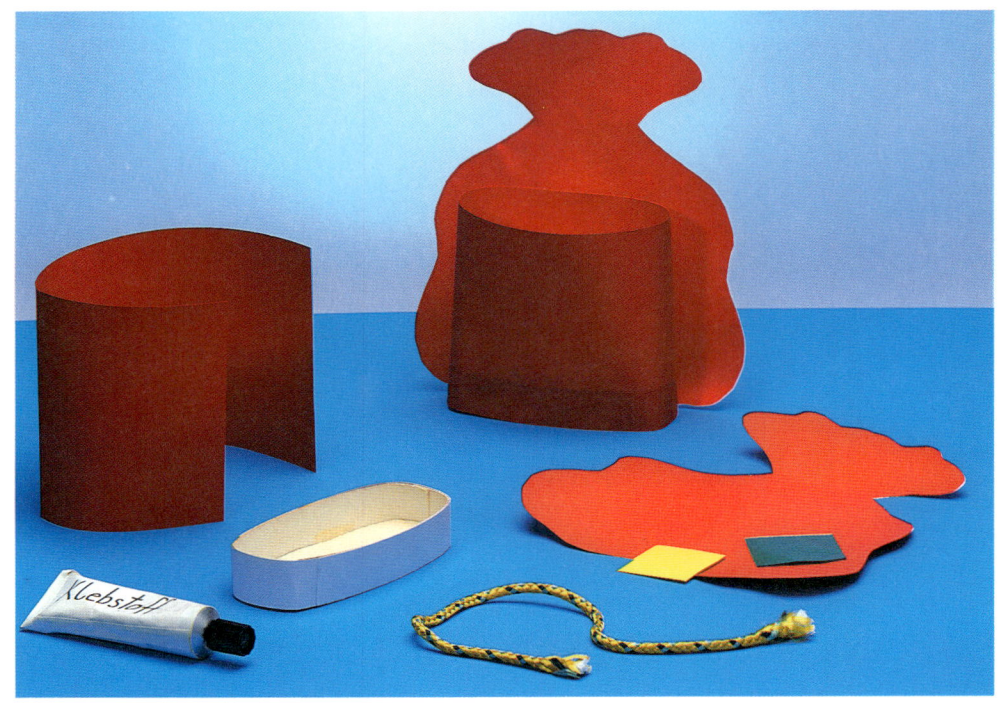

SCHÖNES FÜR DIE ADVENTSZEIT

85

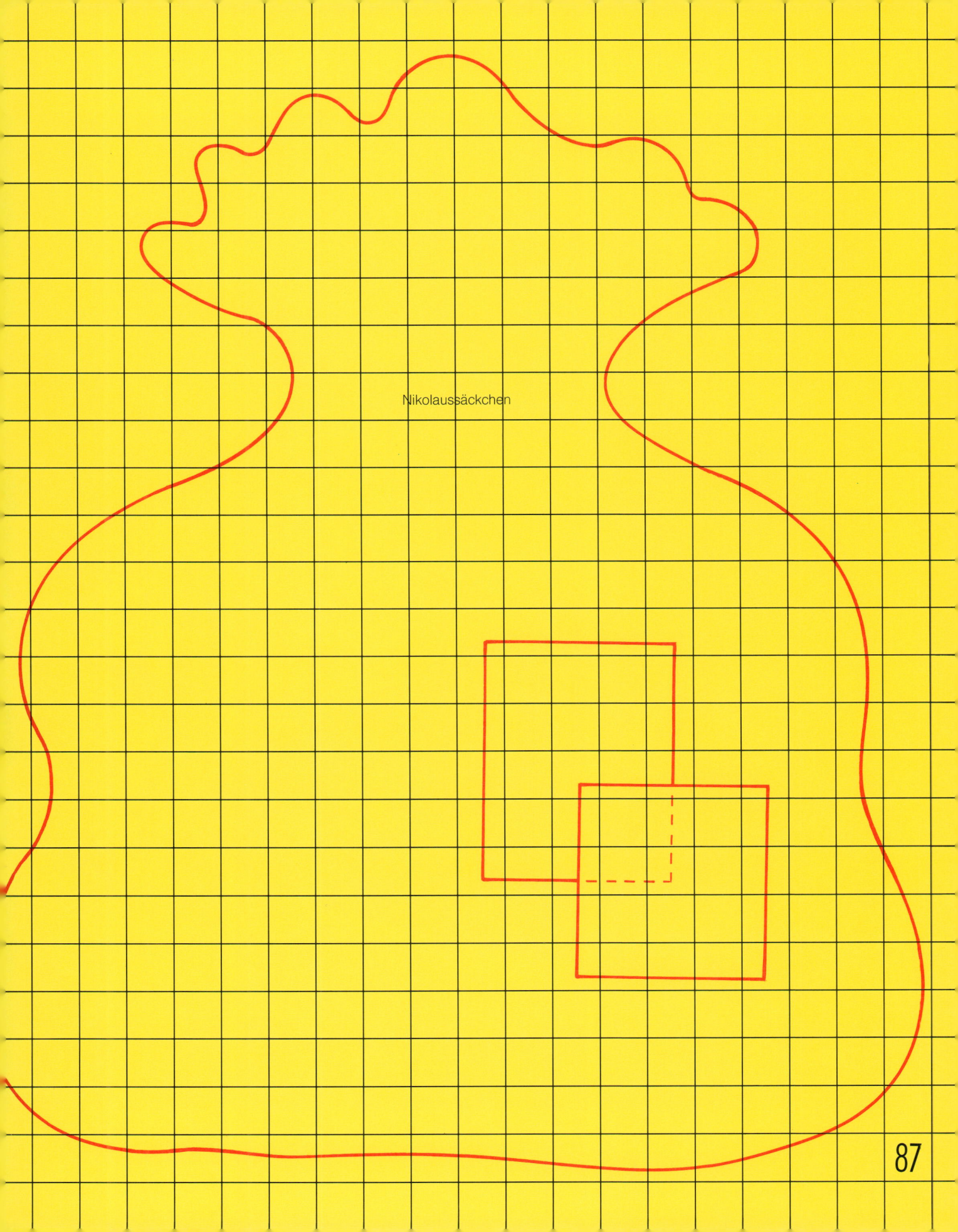

SCHÖNES FÜR DIE ADVENTSZEIT

SCHÖNES FÜR DIE ADVENTSZEIT

Dreiecks-tütchen

Von groß und breit bis winzig klein, diese Tütchenform läßt sich schnell anpassen.

Du brauchst:
**Geschenkpapier oder Bastelfolie
evtl. größere Sternchenaufkleber
Schleifenreste
Schere
Lineal
Bleistift
Klebstoff**

Geschenke in allen Größen kannst du in diesen Dreieckstütchen verpacken.

So wird's gemacht:

1. Aus dem ausgewählten Geschenkpapier schneidet man ein Quadrat mit einem zusätzlichen Kleberand von 2 cm an einer Seite zu.
Die Größe des Quadrats richtet sich nach dem Geschenk, das darin verpackt werden soll. Die größeren Tüten auf dem Foto links sind 25 x 25 cm im Quadrat und mit 2 cm Kleberand zugeschnitten.
Am einfachsten erhält man eine quadratische Form, wenn eine rechtwinkelige Ecke von einem Bogen Papier bis zur gewünschten Größe nach innen gefaltet wird. Zeichne den Kleberand von 2 cm an einer Seite zusätzlich an. Schneide das restliche, überstehende Papier ab.
2. Falte den Kleberand nach innen. Dann schneidest du eine Ecke von diesem 2 cm breiten Streifen ab.
3. Klebe die gegenüberliegende Kante an den eingefalteten Kleberand.
4. Lege die geklebte Naht auf die Mittellinie und streife über die seitlichen Bugkanten.
5. Jetzt ist eine Laschenspitze zum Verschließen entstanden. Diese Lasche wird, nachdem das Geschenk in der Tüte ist, einfach nach vorne gebogen und mit einem Stern haltbar angeklebt.

So verzierst du:

Klebe glitzernde Gold- und Silbersternchen oder lustig kringelnde Schleifen auf. Statt gekaufter Sterne können diese auch aus Bastelfolie ausgeschnitten und aufgeklebt werden. Falte die Tütchen aus einfachem Packpapier und male witzige Muster darauf oder klebe Faltschnittsternchen auf. Für die Laschenspitze als Verschluß braucht man einen größeren oder mehrere kleine Sterne.

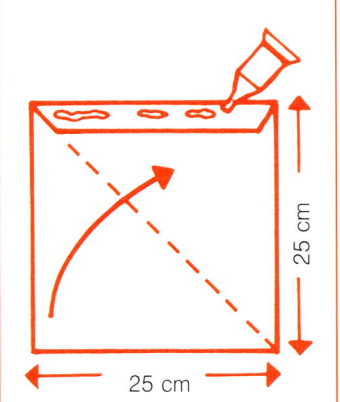

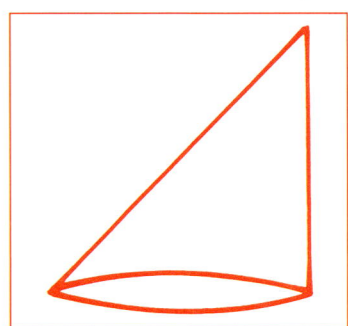

Geschenke mit unregelmäßigen Formen sind oft schwierig einzupacken. Diese dreieckigen Tütchen (linke Seite) sind einfach zu falten und werden auch mit sperrigen Geschenken fertig. Kleine Tütchen von dieser Art eignen sich aufgereiht und mit süßem Inhalt gefüllt auch hervorragend als Adventskalender.

Die bunten Tütchen werden gefaltet und dann geklebt.

89

SCHÖNES FÜR DIE ADVENTSZEIT

Selbstgefaltete Geschenkschachteln

Du brauchst:
Tonpapier
Geschenkpapier
Schere
Lineal
Bleistift
Klebstoff
passende Bänder

Die passende Schachtel zu jeder Gelegenheit.
Du kannst sie verschenken oder alles darin aufbewahren,
woran dein kleines Herz hängt.

Diese hübschen Faltschachteln sind einfach zu basteln und zum Verschenken oder Aufbewahren ideal.

Sicher kennst du auch das Problem, daß man nie die passende Schachtelgröße für ein Geschenk oder eine Überraschung zur Hand hat. Das ist jetzt vorbei. Diese Schachtel läßt sich schnell in jeder beliebigen Größe falten. Damit du die Technik erfaßt, falte zuerst ein Probestück aus Schreibpapier. Lies dir die Arbeitsschritte genau durch und betrachte dazu die entsprechende Zeichnung.
Falte Schritt für Schritt. Streife mit dem Fingernagel die geknickten Faltlinien gut aus.
Damit deine Geschenkschachtel auch gut gelingt, bemühe dich, möglichst genau und sorgfältig zu falten.

So wird's gemacht:

1. Einen rechteckigen Bogen Tonpapier in der Mitte falten und öffnen. Jetzt die rechte und linke Seite bis zur Mittellinie falten.

SCHÖNES FÜR DIE ADVENTSZEIT

2. Das Papier in der Breite nochmals halbieren. Auffalten, obere und untere Kante zur Mitte falten und wieder zurückschlagen.
3. Die Ecken an den markierten Faltlinien einbiegen und gut ausstreifen.
4. Die in der Mitte verbleibenden Ränder nach außen über die Ecken falten.
5. Jetzt Daumen und Zeigefinger in die Ecken stecken, um dadurch die Schachtel hochzuziehen. Die Kanten noch etwas ausstreifen.
6. Der Schachteldeckel geht genauso. Nur beim ersten und zweiten Arbeitsschritt die Seitenteile nicht direkt an die Mittellinie falten, sondern 1 cm Abstand lassen. Der Deckel wird dadurch etwas größer und paßt so bequem auf die Schachtel.

So gestaltest du:

Für kleinere Schachteln eignet sich Geschenkpapier. Für größere müßte es auf Tonpapier aufgeklebt werden, um mehr Stabilität zu erhalten.
Durch die umgefalteten Ränder kommt eine andersfarbige Papierinnenseite erst zur Geltung. Willst du auf den Schachteldeckel verzichten, falte einen Papierstreifen zu einem Henkel und klebe ihn an. Schon erhältst du ein praktisches Geschenkkörbchen.
Die Schachtel kann mit großen Bändern eingeschnürt werden. Als Schmuck eignen sich auch hübsch gebastelte Sterne aus dem nächsten Kapitel.
Auch ein Wellpappestreifen und glitzernde Faltschnittsterne passen hervorragend als Verzierung. Besonders witzig wirken Aufkleber, die du aus alten Geschenkpapieren ausschneiden kannst.
Du siehst, deinen Ideen sind keine Grenzen gesetzt. Bastle dir doch selbst eine Schachtel, um Sammlerstücke aufzubewahren.

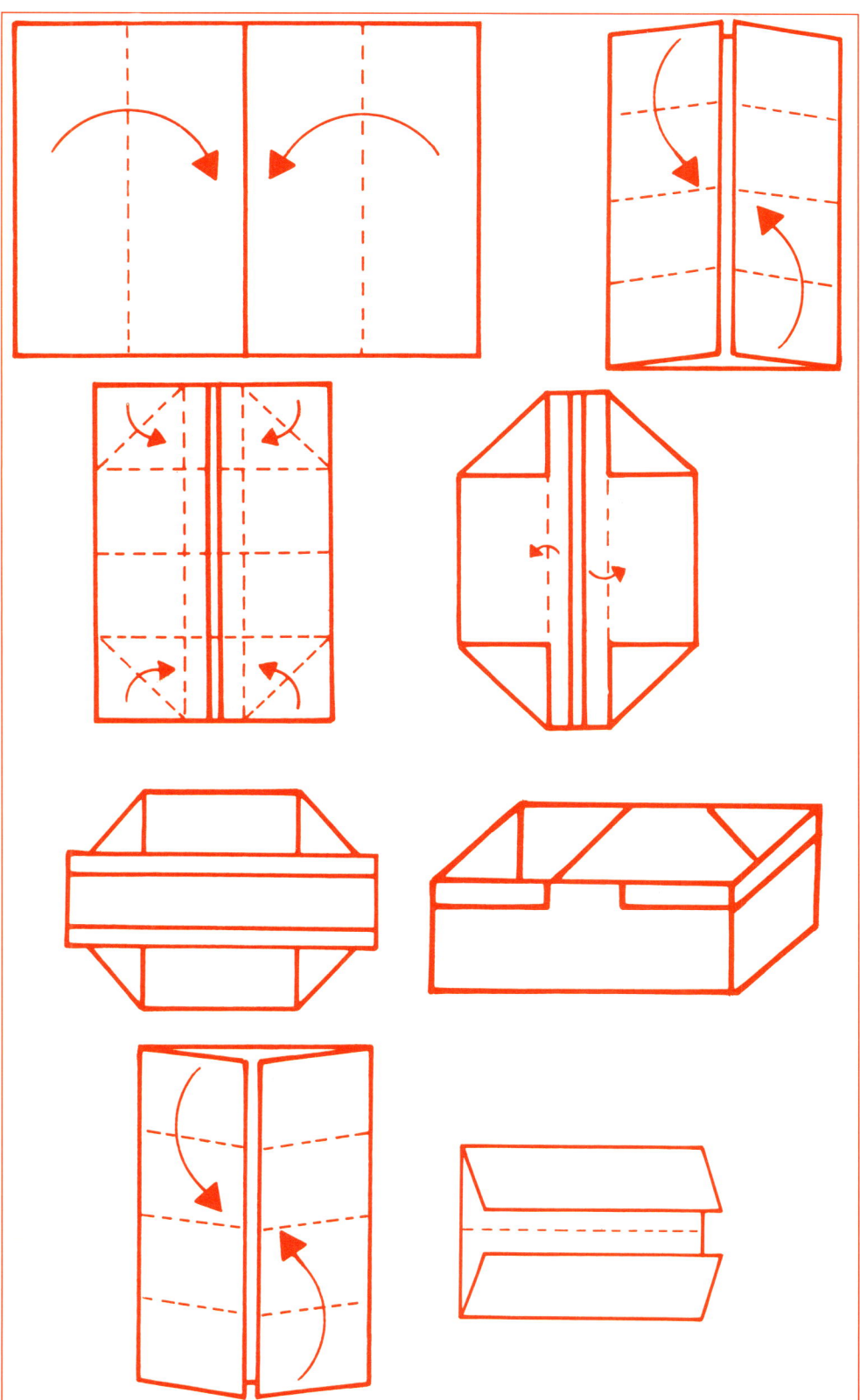

91

SCHÖNES FÜR DIE ADVENTSZEIT

Geschenktaschen lassen sich mit einem passenden Band leicht verschnüren. Es kann auch ein aufgeklebter Stern oder ein witziger Aufkleber als Verzierung dienen. Solche Taschen sind einmalig, wenn sie aus selbstgestaltetem Papier gefaltet werden. Sehr hübsch wirken hier Tropfbatikpapier oder ein mit Kartoffeldruck gemustertes Papier. Falte für dich solche Taschen und hefte die obere Spitze mit einem Reißnagel an die Wand, beispielsweise über deinen Schreibtisch. Jetzt kannst du allerlei Krimskrams in diesen Taschen übersichtlich ordnen.

Je nach Geschenkgröße brauchst du ein quadratisches Papier, das du nach den folgenden Zeichnungen faltest:

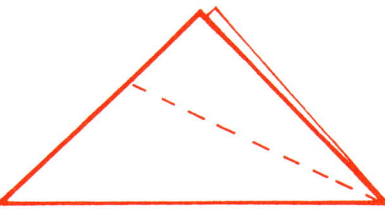

1. Das Quadrat zu einem Dreieck falten.

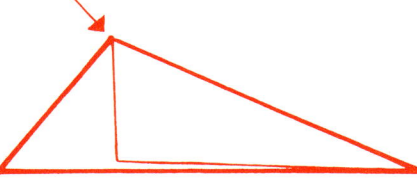

2. Eine der schrägen Kanten zur Bugkante falten.

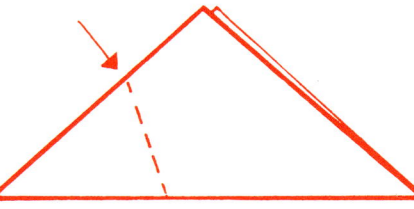

3. Wieder auffalten, da dieser Bruch nur zur Markierung dient.

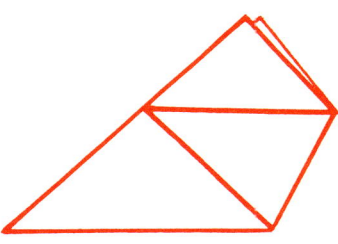

4. Die gegenüberliegende Spitze an die entstandene Markierung falten.

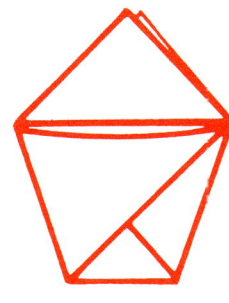

5. Die andere Spitze vorne an die neu entstandene Ecke falten.

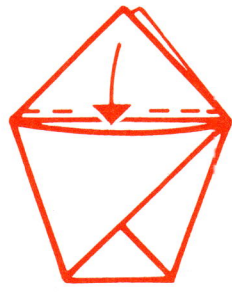

6. Die vordere der oberen Spitzen in den vorderen Schlitz knicken.

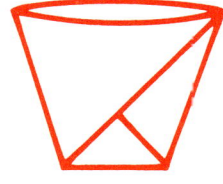

7. Wenn das Geschenk hineingelegt ist, verschließe die Tasche.

SCHÖNES FÜR DIE ADVENTSZEIT

Pfiffige Geschenktaschen

Eine originelle Verpackungsidee
für ganz besondere Gaben.

Du brauchst:
**Packpapier
Tonpapier oder
　Geschenkpapier
Bänder
Schere
Klebstoff**

Die Faltung dieser Tasche wurde schon auf Seite 71 bei den Adventstütchen vorgestellt. Dort hängen sie als Adventskalender an einem Teddy.
Hier werden kleine Abänderungen vorgenommen, und schon entsteht daraus eine praktische Taschenform.

Eine Tasche als Verpackung für ein schickes T-Shirt oder als Geschenkanhänger mit lieben Worten und gefüllt mit kleinen Süßigkeiten, wirkt originell.
Mit einem hübschen Geschenkband umwickelt, sind diese Taschen die ideale Geschenkverpackung.

Soll das Geschenk geheimnisvoll verpackt werden, verschließt man die Tasche mit der oberen Spitze.
Natürlich können die letzten Faltschritte der Anleitung auch verändert werden. Manchmal ist die Tütenform mit zwei spitzen Henkeln passender.

Diese praktischen Geschenktaschen kannst du in jeder beliebigen Größe basteln, je nachdem, was du hineinstecken willst.

93

SCHÖNES FÜR DIE ADVENTSZEIT

SCHÖNES FÜR DIE ADVENTSZEIT

Nikoläuse und Engel

Gemeinsam singen sie im Chor.

Du brauchst:
Zeitungspapier
Tapetenkleister
Küchenpapier
evtl. Kreppband
Zahnstocher
Plakafarben
Pinsel
schwarzen Filzstift
gekräuselte weiße und gelbe Wolle
Watte
Bastelfolie
Bleistift
Schere
Klebstoff

So wird's gemacht:

1. Decke den Arbeitsplatz mit Zeitungspapier ab.
Rühre in einem Einmachglas einen Teelöffel Tapetenleim mit 1/4 l Wasser an und lasse den Kleister 15 Minuten quellen. Inzwischen reißt du größere Zeitungsstücke in Streifen.
Natürlich kann auch bereits angerührter Kleister verwendet werden. Keine Angst vor dem Kleister. Er läßt sich mit Wasser wieder leicht abwaschen.
2. So formst du den Engel: Stelle zuerst einen Zeitungsrohling her. Knülle dazu ein Zeitungsblatt fest zusammen. Tauche deine Finger in den Kleister und schmiere die Zeitungskugel damit ein.
Damit es auch eine haltbare Kugel wird, wickle sie in ein großes Stück Zeitung und reiße den Rest von der Zeitung ab.
Aus dieser Kugel wird der Engelkörper. Für den Kopf reicht es, wenn du knapp ein halbes Zeitungsblatt knüllst und es sonst ebenso behandelst.
Je nachdem, wie groß du die Zeitungskugeln formst, erhältst du größere und kleinere Engelchen oder Nikoläuse. Du mußt nur aufpassen, daß der Kopf ein ganzes Stück kleiner wird als der Körper.
3. Stecke Kopf und Körper mit einem Zahnstocher zusammen. Streiche beide Teile gut mit Kleister ein und klebe dann Zeitungsstreifen über beide Formen. So entsteht am Hals eine haltbare Verbindung zwischen beiden Teilen.
4. Drücke oder stoße den Rohling fest auf die Arbeitsfläche, damit er standfest wird und nicht wegrollt.
5. Damit später, nach dem Bemalen, kleine Unebenheiten und die Zeitungsschrift nicht durchscheinen, überziehst du die ganze Form möglichst glatt mit Küchenpapierstückchen. Hierfür wird der Rohling mit Kleister eingestrichen und die Papierstückchen glättend darübergeklebt.
Runde Nasen und Hände kannst du aus geknüllten Papierstückchen mit ankleben.
Vor dem Bemalen muß die Figur mindestens vier Tage trocknen.
6. So wird der Nikolaus geformt: Der Körper besteht aus einem zweiseitigen, geknüllten Zeitungsbogen. Den Kopf knüllt man aus einem Zeitungsblatt. Diese geknüllte Kugel bestreichst du mit Kleister und wickelst sie in ein ganzes Zeitungsblatt.
Der überstehende Zeitungsrest wird zu einer Mütze verdreht, etwas zugeschnitten und, wenn nötig, mit Kreppband zusammengehalten.
Anschließend befestigst du den Kopf mit Zahnstochern und mit eingekleisterten Zeitungsstreifen am Körper.
7. Bevor du den Nikolaus mit Papiertuch überziehst, klebe ihm ganz vorsichtig aus geknüllten Papierstückchen Stupsnase und Hände an.
Für den Bart und den Mützenrand faltest du einen eingekleisterten Küchenpapierstreifen zu der gewünschten Form. Klebe

Was wohl die beiden kleinen Nikoläuse auf dem Bild links miteinander tuscheln? Vielleicht üben sie gerade ein neues Weihnachtslied ein, das sie gleich mit den Engeln im Chor singen werden?
Für die Herstellung der Nikoläuse und Engel braucht man keine aufwendigen Materialien. Die Grundform besteht aus zusammengeknüllten Zeitungen. Diese werden erst zusammengeklebt und, nachdem sie etwa vier Tage getrocknet sind, bemalt. Du wirst feststellen, daß keine Figur der anderen gleicht. Jede hat ein anderes Gesicht und eine eigene Figur.

SCHÖNES FÜR DIE ADVENTSZEIT

Diese putzigen Engelchen sind leicht und unzerbrechlich. Man kann mit ihnen ganz toll spielen oder einfach mitsingen.

Die Engelflügel schneidest du nach der Vorlage unten aus Bastelfolie aus und klebst sie an den Rücken der Engel.

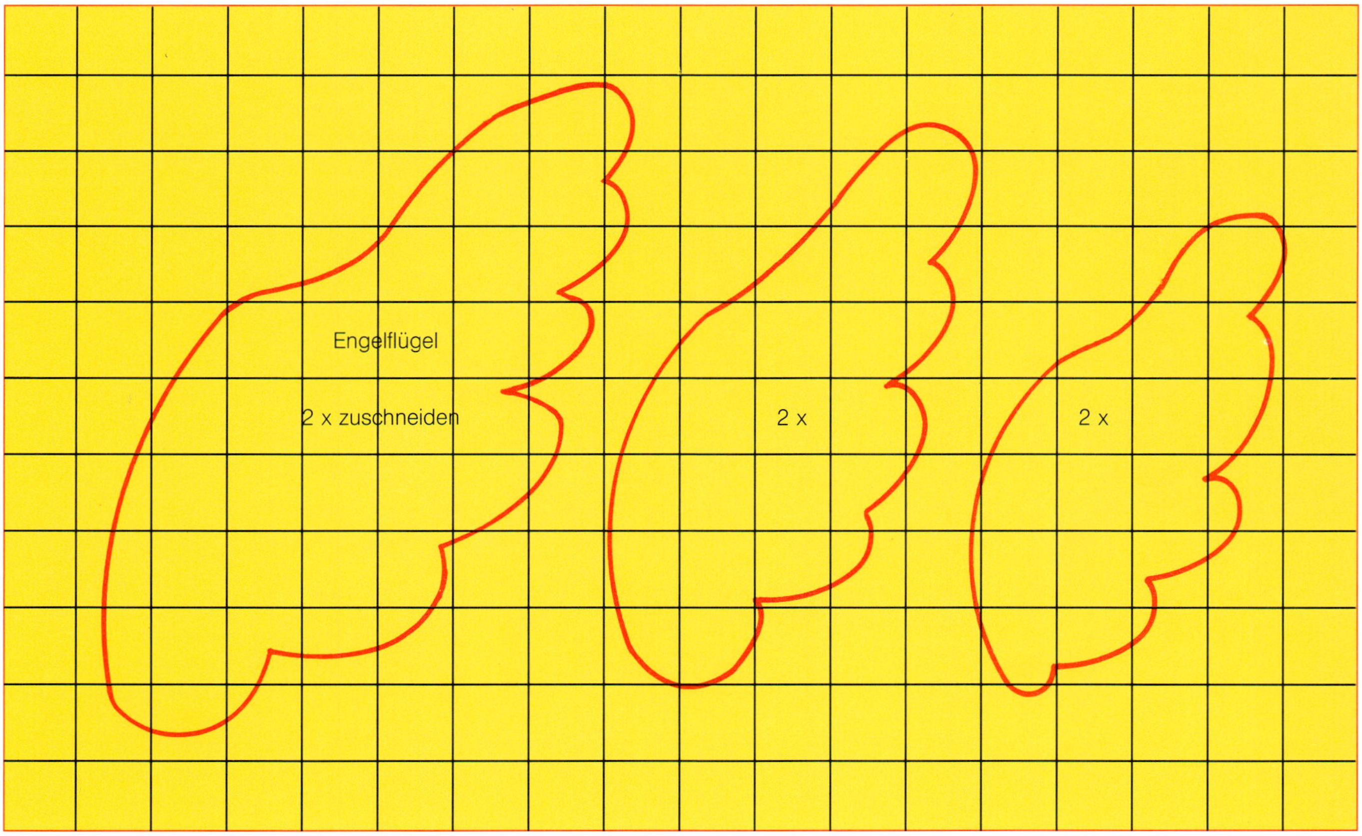

Engelflügel

2 x zuschneiden

2 x

2 x

SCHÖNES FÜR DIE ADVENTSZEIT

Während der Kleister 15 Minuten in einem Töpfchen quellt, kannst du die Zeitungsstücke für die Engel und Nikoläuse vorbereiten (links). Die Säckchen für die Nikoläuse sind einfach zusammengebundene Seidenpapierstücke.

diese Teile mit Kleister an den entsprechenden Stellen fest.
8. Während des Trocknens überprüfst du, ob deine geformten Figuren auch wirklich schon glatt sind. Sonst überdeckst du faltige und unebene Stellen nochmals mit eingekleisterten Küchenpapierstückchen.

So gestaltest du:

Nach etwa vier Tagen sind die Figuren trocken und können bemalt werden.
Trage zuerst die großflächigen Farben auf, beispielsweise beim Nikolaus die rote Mütze und den Mantel, beim Engel die blauen Kleider. Bis diese Farben antrocknen, mischst du eine passende Gesichtsfarbe.
Bemale die Gesichter mit dieser Farbe. Jetzt beim Nikolaus noch den weißen Bart anmalen, dann können beide Figuren Augen, Backen und Mund bekommen.
Die Augenform zuerst mit weißer Farbe aufmalen und trocknen lassen. Anschließend mit einem schwarzen Filzstift die Wimpern und Ränder nachzeichnen.
Für das Innere des Auges, die Pupille, tupft man einen schwarzen oder blauen Punkt auf.
Beim Nikolaus fehlen noch Handschuhe, Mantelknöpfe und Taschen. Beim Engel kann das Kleid zusätzlich mit kleinen Sternen gemustert werden.

Jetzt kommen noch die Haare dran. Am schnellsten geht das bei den Engeln, wenn einfach gekräuselte Wolle auf den Kopf geklebt wird.

Den Mützenrand vom Nikolaus noch zusätzlich mit Watte oder Wolle bekleben. Der Bart wird aus einem flachen Wattestück geschnitten und angeklebt.

Gemeinsam macht das Weihnachtsbasteln viel mehr Spaß. Außerdem kann man sich gegenseitig helfen (unten).

SCHÖNES FÜR DIE ADVENTSZEIT

Kerzenständer und Anhänger

Sie sind aus roter und weißer Modelliermasse geformt.

Du brauchst:
**Lufttrocknende Modelliermasse in Braun oder Weiß
Kerzen
Metalliclackfarben
Plakafarben
Küchenbrett
Wellholz oder Rundholz
Plätzchenformen
kleine Messer
Zahnstocher
Pinsel
feuchten Lappen
Plastiktüte**

Diese wirkungsvollen Kerzenständer und lustigen Anhänger sind einfach herzustellen.

So wird's gemacht:

1. Lege dir ein Stück Modelliermasse auf das Holzbrett. Den Rest verschließt du gut in einer Plastiktüte, damit sie nicht austrocknet.
Für die Kerzenständer rollt man die Masse mit einem Wellholz etwa 2 cm dick aus.
2. Stich mit Plätzchenformen Sterne, Herzen oder ähnliche Formen aus, die sich als Kerzenständer eignen.
3. Ein Kerzenständer braucht als Halterung für die Kerze eine Vertiefung. Drücke dazu eine Kerze in die Mitte der Form und weite die Öffnung durch Drehen der Kerze etwas aus.
Damit die Kerze auch in dem Kerzenständer hält, mußt du um die Öffnung noch eine dünne Rolle aus Modelliermasse drücken. Feuchte hierzu deine Fingerspitzen leicht an, sonst wird die dünne Rolle schnell brüchig. Hübsch wirkt auch, wenn du einen zweiten kleinen Sternenrand aufsetzt. Diesen erhält man, wenn das Innere des Sternes mit einer kleineren Sternform oder einer runden Form ausgestochen wird.
4. Die Anhänger aus Modelliermasse 0,5 cm dick ausrollen und wie Plätzchen ausstechen.
Natürlich kann man auch selbsterfundene Formen ausschneiden. Genauso können Vorlagen aus Papier auf die ausgewellte Masse durchgedrückt werden. Dazu zeichnest du die Umrisse einfach nach. Nimm das Papier ab und schneide die durchgedrückten Linien mit dem Messer vorsichtig aus.

So verzierst du:

Bevor die Masse trocknet, stichst du bei den Anhängern ein Loch zum Aufhängen durch.
Jetzt können mit Zahnstocher und Messerrücken oder der Rückseite von einem Stift Muster eingedrückt werden.
Die Kerzenständer wirken glatt auch sehr schön. Mit feuchten Fingerspitzen lassen sich Unebenheiten und Kanten glätten.
Die Formen müssen jetzt etwa fünf Tage trocknen.
Damit sie sich nicht wölben, wende die Figuren während des Trocknens mehrmals.

Anhänger stichst du mit einer Plätzchenform aus der ausgerollten Modelliermasse aus. Die Vogelform wird hier (rechts) mit Hilfe einer Vorlage aus Papier auf die ausgewellte Masse durchgedrückt. Die Umrisse werden dann mit dem Messer ausgeschnitten.

SCHÖNES FÜR DIE ADVENTSZEIT

Nicht aus Ton, sondern aus brauner und weißer Modelliermasse sind diese lustigen Anhänger geformt und luftgetrocknet. Bunt bemalt, beleben sie jeden Weihnachtsbaum. Die Bemalung kann mit Plakafarben und Lack nach der Trocknung erfolgen. Die Trockenzeit beträgt etwa fünf Tage.

Nach fünf Tagen Trocknen kann das Vögelchen verziert und mit Plakafarben bemalt werden (links unten).

Das Kerzenlicht zaubert eine festliche Stimmung im Raum und verzaubert die Menschen. Die eleganten Kerzenständer unterstreichen diesen Effekt noch zusätzlich: Sie sind mit Metallicgoldlack bestrichen.

99

SCHÖNES FÜR DIE ADVENTSZEIT

Bunte Kerzen selbst gemacht

Kerzengießen gefällt jedem, der gerne Experimente macht.

Du brauchst:
**viele Kerzenreste
Kerzendochte
Blechdosen
Holzstäbchen
Joghurt- und Quarkbecher
Safttüten
halbe Walnußschalen
Topflappen
Pinzette
Schere**

Aus Wachsresten kannst du leuchtende Schichtkerzen gießen, ebenso wie früher die Kerzenmacher gearbeitet haben.

So wird's gemacht:

1. Verteile die Wachs- und Kerzenreste nach Farben sortiert in Blechdosen.
Stelle die Blechdosen auf die Herdplatten und erwärme das Wachs auf niedriger Stufe. Laß dir das am besten von einem Erwachsenen zeigen. Nach wenigen Minuten ist das Wachs dann geschmolzen.
Beachte: Das Wachs darf nicht überhitzt werden, sonst qualmt es und färbt sich braun.
Die Kerzenreste schmelzen auch langsam auf einem Stövchen mit angezündetem Teelicht.
Durchgefärbte Wachsreste ergeben wesentlich kräftigere Farben als Kerzen, die innen weiß sind. Oft ist es angebracht, eine Mischung aus beiden Kerzenarten einzuschmelzen.
Vorsicht! Die heißen Blechdosen nur mit Topflappen anfassen.
2. Schneide die Dochte auf die Länge der vorbereiteten Behälter zu. Tauche die Dochte mit der Pinzette in flüssiges Wachs. Ziehe sie wieder heraus. Nachdem sie einige Sekunden abgekühlt sind, ziehe an beiden Enden an und spanne sie. Jetzt sind die Dochte gut steif und können für die Behälter vorbereitet werden. Ein Dochtende wickelst du um das Holzstäbchen. Dieses hängt man mittig über den Becher.
Bei breiten Bechern wirken zwei bis drei eingegossene Dochte besonders reizvoll.
3. Entferne mit der Pinzette alte Dochtreste aus dem flüssigen Wachs. Nimm eine Blechdose mit dem Topflappen in die Hand und gieße eine Wachsschicht von etwa 3 cm in die Becher. Jetzt 10–15 Minuten Geduld haben, bis die Schicht erstarrt ist.
Anschließend wird die zweite Schicht mit einer anderen Farbe daraufgegossen. Achte darauf, daß die Dochte mittig stehen oder mit Abstand angeordnet sind. Gieße so viele Wachsschichten aufeinander, bis die Kerze die gewünschte Höhe erreicht hat.
4. Beim Abkühlen zieht sich das Wachs zusammen und kann eine Grube um den Docht bilden. Diese Mulde läßt sich mit farblich passendem Wachs nachträglich zugießen. Laß die fertigen Kerzen über Nacht erstarren oder stelle sie in den Kühlschrank, dann geht's schneller.
5. Jetzt müssen die Kerzen aus der Form herausgeschoben werden. Lockere dazu den Rand der Form und stürze die Kerze wie einen Kuchen.
Milchtüten oder Joghurtbecher kannst du auch aufreißen.
Wenn die Kerze sich absolut nicht herauslösen will, stellst du die Form kurze Zeit in heißes Wasser. Die äußere Wachsschicht wird ein wenig weich,

Diese bunten selbstgegossenen Kerzen spenden strahlendes Licht und bringen eine gemütliche Stimmung ins Haus (rechte Seite).

SCHÖNES FÜR DIE ADVENTSZEIT

SCHÖNES FÜR DIE ADVENTSZEIT

Die Kerzenstummel werden in einer Blechdose geschmolzen. Die Dochte tauchst du in flüssiges Wachs. Nach dem Straffen hängst du sie an einem Holzstäbchen mittig über den Joghurt- oder Quarkbecher. In diesen gießt du dann das flüssige Wachs. Wenn das Wachs erstarrt ist, kannst du die Kerze wie einen Kuchen einfach stürzen und herauslösen.

und die Kerze läßt sich am Docht herausziehen.
Jetzt noch den Docht kürzen, und fertig sind die neuen Kerzen. Sie spenden strahlendes Licht im Raum.

So gestaltest du:

Als Gießformen für Kerzen lassen sich beispielsweise kleine Kuchenförmchen, Milchtüten, Puddingformen und halbe Walnußschalen verwenden. In den Walnußschalen das Wachs etwas fest werden lassen und dann das Dochtstück reinstecken. In einer Glasschüssel mit Wasser werden aus den unscheinbaren Walnußhälften leuchtende Schwimmkerzen.
Auch Eierschalen eignen sich hervorragend dafür. Dazu öffnet man das spitze Ende eines rohen Eies und entleert es in eine Tasse. Die Schale mit Wasser gut ausspülen und trocknen lassen. Die Eier in einen Eierkarton stellen und mit geschmolzenem Wachs vollgießen. Anschließend den gewachsten Docht in die Mitte des Eies stellen und mit quer darübergelegten Stäbchen festhalten.
Am nächsten Tag das Ei schälen, und die Eierkerze ist fertig.
Für eine Duftkerze gibst du in das geschmolzene Wachs noch einige Tropfen Duftöl.

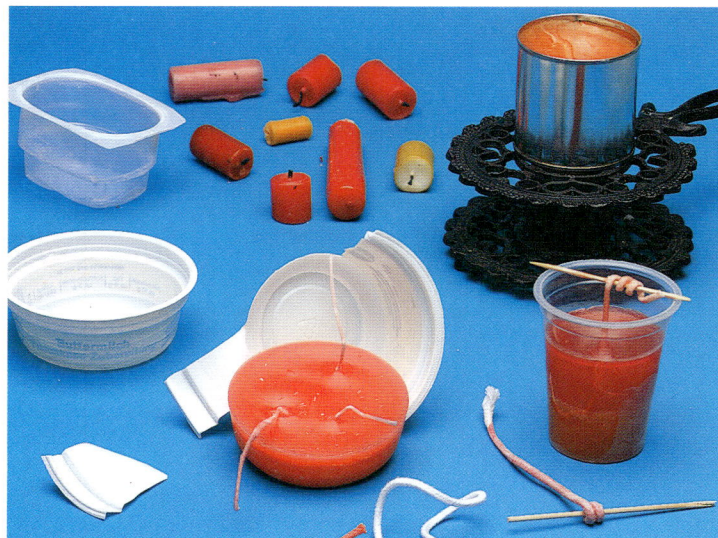

Der besondere Reiz dieser leuchtenden Schwimmkerzen in Walnußschalen ergibt sich durch die Komposition der beiden gegensätzlichen Elemente Feuer und Wasser.

SCHÖNES FÜR DIE ADVENTSZEIT

Köstliche Bratäpfel

Besinnliches und Köstliches für den Adventsabend.

So wird's gemacht:

Die Äpfel waschen und abtrocknen. Danach das Kernhaus ausstechen. Laß dir von einem Erwachsenen dabei helfen.
Die Äpfel auf die gefettete Form setzen und den Backofen auf 200 °C vorheizen.
Für die Nußfüllung die Haselnüsse, Rosinen, den Zucker und Zimt vermischen und mit einem Teelöffel in die Äpfel füllen.

Statt dieser Füllung können auch zwei Eßlöffel Preiselbeermarmelade in jeden Apfel gefüllt werden. Die Bratäpfel etwa 20–30 Minuten im Ofen backen.
Sie sollen innen nicht mehr roh sein, aber auch nicht zerfallen.
Zu den Bratäpfeln schmecken ganz besonders gut geschlagene Sahne, Vanillesoße oder Milchreis.
Die Vanillesoße bereitest du nach der Anleitung auf dem Päckchen zu. Genauso kannst du ein halbes Päckchen Vanillepudding für 1/2 l Milch verwenden, dann wird daraus eine leckere, dickflüssige Soße, die allen schmeckt. Guten Appetit!

Lade deine Freunde zu einem gemeinsamen Bastelabend ein. Zur Stärkung gibt's leckere gefüllte Bratäpfel mit Vanillesoße.

Zutaten:
4 große Äpfel
1 Eßl. Butter

für die Nußfüllung:
2 Eßl. Haselnüsse
1 Eßl. Rosinen
1 Teel. Zimt

für die Marmeladenfüllung:
8 Eßl. Preiselbeermarmelade

für die Soße:
1/2 l Milch
1 Päckchen Vanillesoße oder 1 Becher Sahne

außerdem:
Kernhausausstecher
Backform oder
 Auflaufform

103

RUND UM DEN WEIHNACHTSBAUM

Leuchtende Rosettensterne

Wie Kunstwerke aus Papier wirken diese großen Rosettensterne.

Du brauchst:
- je einen Bogen Packpapier
- Recyclingpapier oder Bastelfolie
- Lineal, Meterstab
- Bleistift
- Schere
- Plakafarbe in Gold und Gelb
- breiten Pinsel
- Stopfnadel
- starken Faden
- Klebstoff

Die Rosettensterne bestehen aus einem langen Papierstreifen, der in „Ziehharmonika-Falten" gelegt wird. Die Wirkung dieser Sterne kann je nach Papierwahl vollkommen verschieden sein. Die Arbeitsschritte bleiben immer gleich.

Kunterbunte Rosettensterne zieren dieses Weihnachtsbäumchen im Blumentopf. Sie sind aus einfachem Pack- und Recyclingpapier hergestellt. Die goldenen und gelben Farbkleckse lassen sie noch lebendiger erscheinen.

So wird's gemacht:

1. Zuerst braucht man lange Papierstreifen. Bei diesen Papierstreifen ist das Verhältnis von Länge und Breite besonders wichtig. Sobald ein breiter Streifen zu kurz geschnitten wurde, kann man später keine Rosette formen. Gerät der Papierstreifen zu lang, wirkt die Rosettenform zu dicht, und die Muster sind schlecht erkennbar. Schneide deshalb Papierstreifen nach den angegebenen Abmessungen im Verhältnis 1:6 zu:

10 cm breit und 60 cm lang für kleine Sterne,

15 cm breit und 80 cm lang für mittlere Rosetten und

20 cm breit und 120 cm lang für große Sternrosetten.

Am einfachsten ist es, wenn du dich an diese Vorgaben hältst. Natürlich kannst du auch Zwischenmaße verwenden.

Markiere etwa dreimal die Breite des Papierstreifens auf dem gewählten Sternpapier. Lege eine Meßlatte oder einen Meterstab an den markierten Punkten an und ziehe eine Schneidelinie. Reicht die Papierlänge für den Stern nicht aus, zeichne zwei solcher Streifen an und schneide sie aus. Klebe die breiten Papierstreifen in der Breite aneinander, und du erhältst eine geeignete Länge.

2. Falte aus dem Papierstreifen eine „Ziehharmonika". Die Faltenbreite sollte etwa 2 cm betragen. Am besten gehst du so vor: Lege die 2 cm breite Faltung, wende den langen Streifen und falte die nächsten 2 cm. Jetzt das Papier wieder umdrehen, falten, umdrehen usw. Achte auf eine gleichmäßige Faltenbreite, sonst werden die Kanten schief. Sollte sich ein etwas unregelmäßiger

RUND UM DEN WEIHNACHTSBAUM

seitlicher Rand ergeben, kann dieser am Schluß zugeschnitten werden. Fasse dazu die Ziehharmonika zusammen und schneide oben und unten einen gleichmäßigen Rand.

3. Laß die Faltungen zusammengefaßt und schneide eine Seite spitz zu. Das wird später der äußere Sternenrand. Beachte: Du mußt die Spitzen nacheinander zuschneiden. Nimm dazu vier Faltungen, schräge sie ab, lege diese auf die folgenden Falten und schneide im gleichen Maß wieder vier Spitzen zu usw.

4. Fädle einen etwa 50 cm langen Faden durch die Stopfnadel. Ziehe am gegenüberliegenden Ende der Spitzen den Faden durch. Dabei gilt auch hier: Mit der Stopfnadel nacheinander die Faltungen durchstechen. Achte darauf, daß am Anfang ein etwa 10 cm langes Fadenstück hängen bleibt.

Knote die Fadenenden mit drei festen Knoten zusammen.

5. Endlich darf die Rosette aufgefaltet werden. Klebe den Anfangs- und Endstreifen der Faltungen zusammen.

Als Aufhänger kann der mittlere Restfaden dienen, oder du fädelst eine neue Goldschnur durch eine Sternspitze. Dann die Enden verknoten.

So verzierst du:

Wer will, klebt in die Mitte der Rosette noch einen kleinen Stern oder einen Kreis. In die Bugkanten der Faltungen können auch Muster eingeschnitten werden. Es eignen sich Dreiecke und Halbkreise. Hier gilt das gleiche wie bei den Spitzen: Die Formen nacheinander aus den Faltkanten herausschneiden.

Die Sterne aus Pack- und Recyclingpapier wirken durch die goldenen und gelben Farbkleckse noch lebendiger. Dazu werden die langen Papierstreifen vorher mit breiten Pinselstrichen bemalt.

Wer's funkelnd mag, faltet die Sterne aus glänzender Bastelfolie. Besonders zart leuchten diese Rosetten aus gefaltetem Transparentpapier.

Kunterbunte Weihnachtssterne entstehen mit Regenbogenpapier. Diese Rosettensterne zieren nicht nur den Weihnachtsbaum. Auch als vorweihnachtlicher Zimmer- oder Fensterschmuck sind sie bestens geeignet.

Im Fensterbogen kann ein großer goldener Rosettenstern hängen. Genausogut lassen sich diese Sterne in einen Weihnachtsstrauß oder Blumentopf stecken. Dazu mußt du die Sternenrosetten am Schluß nicht zusammenkleben. Befestige mit einem 3–5 cm langen Klebestreifen an der Anfangs- und Endfaltung ein Holzstäbchen. Wenn du jetzt beide Stäbe zusammenfaßt, öffnet sich die Rosette. So läßt sich der Stern beliebig auf- und zusammenfalten. Mit den Stäbchen kannst du den Stern feststecken. Sehr viel Freude bringt der Stern garantiert, wenn du damit ein Geschenk verzierst. Doch auch lustige Geschenkkarten lassen sich damit gestalten. Der Rosettenstern sollte etwas schmäler als die aufgeschlagene Karte werden. Fasse den Stern mit dem Faden zusammen und klebe die beiden Anfangs- und Endfaltungen an jede Kartenseite. Die Sternmitte liegt innen auf der Bugkante.

Fünf wunderschöne Rosettensterne aus golden glänzender Bastelfolie hängen an diesem dunkelgrünen Tannenzweig. Die reizvolle Wirkung kommt hier durch den farblichen Kontrast zustande.

Damit aus einem Papierstreifen eine schöne Rosettenform entsteht, schneidest du ihn im Verhältnis 1:6 zu. Dann faltest du daraus eine „Ziehharmonika".

107

RUND UM DEN WEIHNACHTSBAUM

Sternenbotschaft

Du brauchst:
Karton
Bastelfolie
evtl. kleine Sternchenaufkleber
Goldschnur
Nadel
Schreibpapier
Schere

Diese glitzernden Sterne enthalten alle eine Botschaft.

Nach einem Übungsstück können selbst kleine Kinder diese Sterne leicht falten. Wenn man erst einmal angefangen hat, werden es schnell mehr. Bald reichen sie, um ein Winterfenster zu schmücken oder eine lustige Sternenkette aufzureihen.

So wird's gemacht:

1. Aus der Bastelfolie oder dem Karton gleichseitige Dreiecke ausschneiden. Die Schablonen für drei verschiedene Größen findest du auf der nächsten Seite. Natürlich kannst du das Dreieck auch selbst mit dem Zirkel konstruieren.
2. Falte eine Spitze auf die Mitte der gegenüberliegenden Seite.
3. Diese Spitze um die Hälfte wieder zurückfalten.
4. Die Faltung öffnen und die anderen beiden Spitzen jeweils genauso zur gegenüberliegenden Mitte falten. Die erste Faltung ist dabei gleich eine Hilfe.
5. Diese beiden Spitzen werden wieder um die Hälfte zurückgefaltet. Jetzt alle drei Spitzen zu einem Stern zusammenlegen.

Die Grundform für den Stern ist ein gleichseitiges Dreieck, bei dem jede Ecke gleich gefaltet wird.

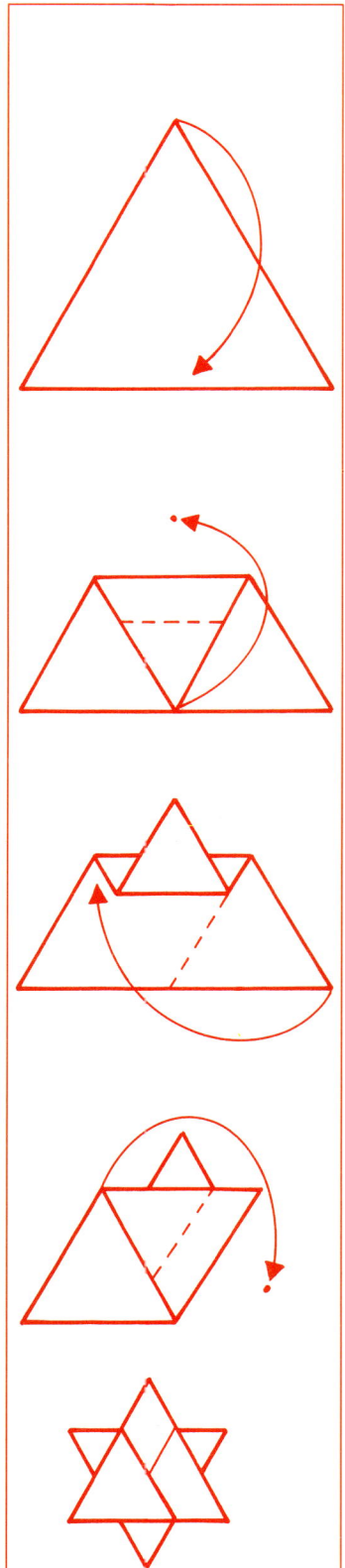

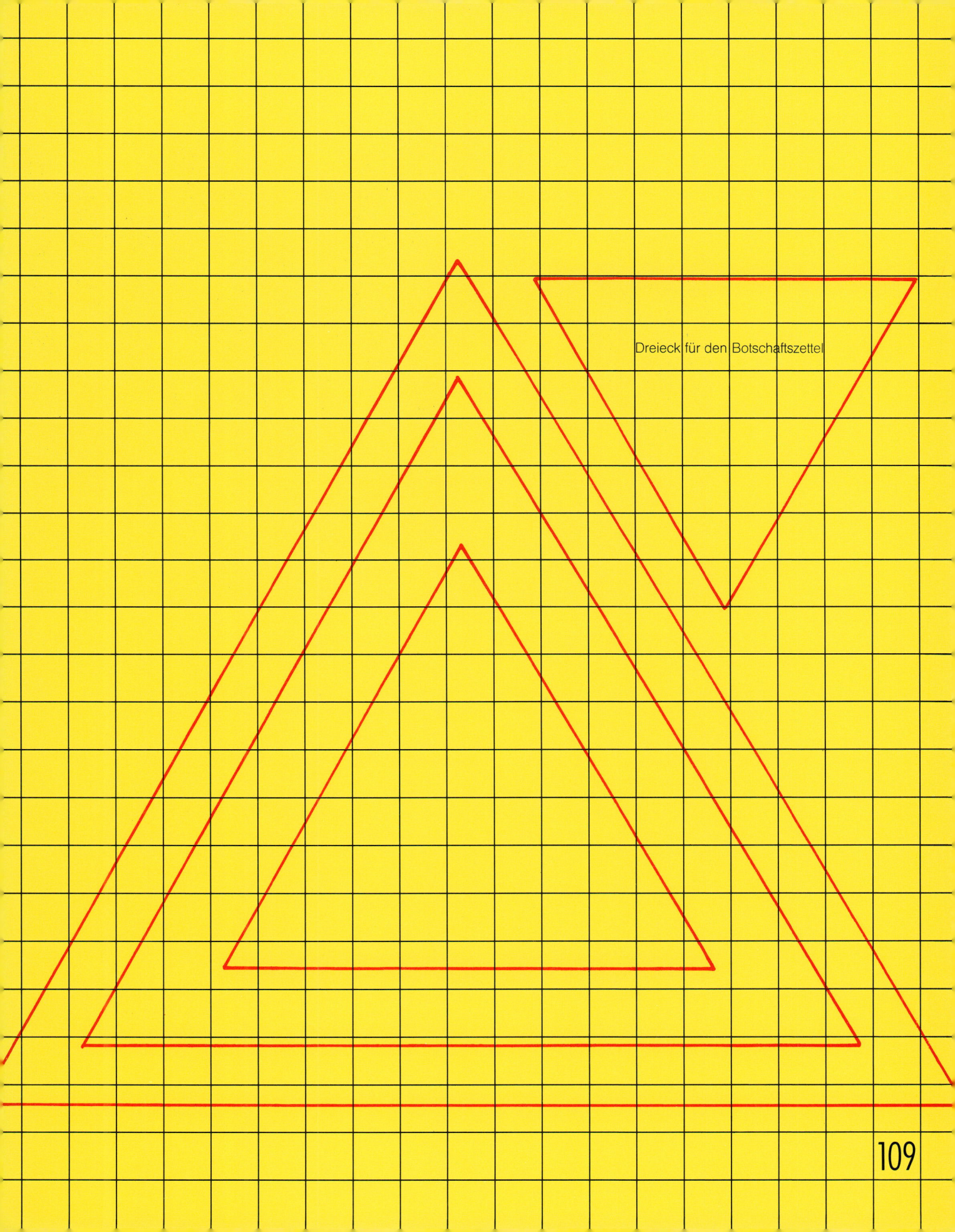

RUND UM DEN WEIHNACHTSBAUM

In jedem dieser glitzernd bunten Sterne am Winterfenster verbirgt sich eine Überraschung: ein Gutschein für ein Geschenk, z.B. eine Kinokarte, ein Bastelbuch usw.

6. In den Stern hinein legst du einen kleinen weißen Zettel mit deiner Botschaft. Schneide dafür kleine Papierdreiecke zurecht, die in den gefalteten Stern passen. Sie sollten fast so groß sein wie eine Dreiecksform des gefalteten Sterns.

7. So hängst du den Stern auf: Ziehe mit der Stopfnadel eine 10 cm lange Goldschnur durch eine Sternspitze und verknote die Enden.

So verzierst du:

Der Botschaftsstern wird mit einem aufgeklebten Sternchen in der Mitte verziert. Dieses Sternchen bildet gleichzeitig den Verschluß. Wenn du viele Sterne hast, klebe noch welche auf die Rückseite des Botschaftssterns. Zum Aufkleben eignen sich Sternchenaufkleber oder selbst ausgeschnittene kleine Sterne aus Goldfolie. Ist ein kleiner Stern für dich zu schwierig zum Ausschneiden, klebe einfach einen glänzenden Punkt auf.

Der Stern ist nicht nur als Anhänger für den Weihnachtsbaum zu verwenden.

Auf dem Foto oben ziert er ein vorweihnachtliches Fenster. Hübsch wirkt er auch als Schmuck für den Adventskranz. Eine ganze Sternenkette ergibt es, wenn man die Sterne nacheinander an ein Geschenkband klebt und in einem Bogen unter einem Regal, über der Tür oder an der Wand aufhängt.

Diese Sternfaltung eignet sich auch hervorragend für einen Adventskalender. Falte 24 solche Sterne, schreibe Zahlen darauf und hänge sie in einer Sternenkette unter einem Adventskranz oder wie auf dem Foto auf.

Für die Gestaltung des Inneren gibt es viele Möglichkeiten. Male für jeden Tag ein kleines, buntes Bildchen auf die Zettel. Oder wie wär's mit einem Puzzlespiel in den Sternchen?

Schreibe deine eigene Weihnachtsgeschichte oder suche dir eine aus einem Buch. Beschreibe immer nur die Vorderseite des Papiers. Zerschneide diese beschriebenen Seiten und lege die Stücke in die Sterne. An jedem Adventstag wird ein Stück der Geschichte aus den Sternen herausgeholt und ergänzt die anderen. Erst an Weihnachten ist die Geschichte vollständig. Frage deine Freunde und Eltern, ob sie dir eine Geschichte schreiben, dann ist für dich die Spannung beim Lesen noch größer.

Auch für einzelne Botschaftssterne gibt es tolle Verwendungen. Schreibe innen in den Stern liebe Weihnachtsgrüße und hänge ihn an ein Geschenk. Gestalte mit einem oder mehreren solcher Sterne eine Weihnachtskarte.

RUND UM DEN WEIHNACHTSBAUM

Sterne und Herzen aus Wellpappe

Kaum zu glauben, diese reizvollen Sternenornamente entstehen aus Wellpappe.

Du brauchst:
feine Wellpappe aus Verpackungen oder Modellbauwellpappe
breiten Pinsel
gelbe und goldene Plakafarbe
Lineal
Schere
Bleistift
Wäscheklammern
Pinnwandnadeln
Klebstoff
Goldschnur

Sammle für diese Sterne Wellpappe aus Pralinenverpackungen. Auch im Supermarkt gibt es oft Verpackungsabfall aus dünner Wellpappe. Sehr schön werden diese Sternenornamente aus feiner Modellbauwellpappe. Diese kannst du in Papiergeschäften kaufen.

So wird's gemacht:

Für einen Stern reicht ein Wellpappestück, das ungefähr so groß ist wie ein DIN-A5-Blatt.
1. Die Wellpappe auf einer Seite mit hellen Plakafarben bemalen und trocknen lassen.
2. Jetzt mit dem Lineal 1 cm breite Querstreifen abmessen und anzeichnen. Wichtig ist, daß du quer zu den Wellen abmißt. Die Streifen gleichmäßig ausschneiden.
3. Diese Streifen mit der glatten Seite zusammenkleben, so daß an beiden Seiten Wellen sind. Ungleiche Kanten zurechtschneiden.
4. Die Sterne werden aus einzelnen Teilen zusammengesetzt. Für die Sternteile auf dem Bild schneidet man sechs bis sieben Streifenstücke, die 10 cm lang sind. Die Enden zusammenkleben und mit einer Wäsche- oder Büroklammer fixieren, bis der Klebstoff fest ist. Für das Innere drehst du aus einem Reststück einen Kreis. Die Klebestelle festklammern.
5. Lege den Kreis vor dich hin und ordne die äußeren Formen an. Die Teile an dem Kreis festkleben. An den Stellen, an denen sich die Formen berühren, ebenfalls Klebstoff auftropfen. Den Stern vorsichtig ablegen und trocknen lassen.
6. Für ein Herz den Wellpappestreifen in der Mitte knicken. Die Enden herzförmig nach innen ziehen und zusammenkleben. In das Herz kannst du auf die gleiche Weise noch eine kleinere Herzform kleben.
7. Auf der Vorder- und Rückseite des Sterns sieht man die Farbe der Pappe, deshalb überstreichst du diese Seiten leicht mit der Sternfarbe.

So verzierst du:

Zwischen die Formen oder die Mitte noch Wellpapperöllchen kleben, damit die Sterne fülliger wirken. Es reicht ein einfacher Wellpappestreifen. Die glatte Seite mit Klebstoff bestreichen und den Streifen aufrollen. Das Ende mit einer Nadel sichern, bis der Klebstoff fest ist.

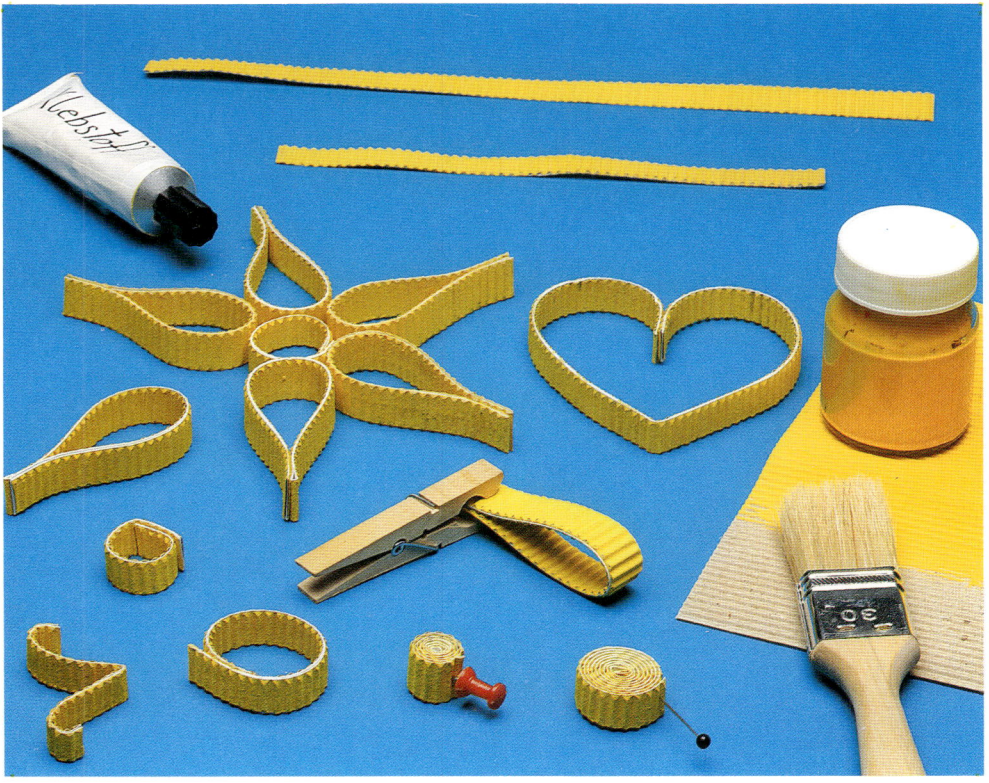

Aus einfachen Wellpappestreifen entsteht sehr schöner, dekorativer Weihnachtsschmuck.

RUND UM DEN WEIHNACHTSBAUM

Die Sterne sollten immer in einer leuchtenden Farbe bemalt werden, die sich gut vom Tannengrün abhebt. Gelbe und orangene Töne sind bestens geeignet.

Die Zeichnungen zeigen dir, wie du die Wellpappestreifen biegen und anordnen kannst. Du wirst sehen, nach kurzer Zeit schon hast du genug eigene Ideen.

RUND UM DEN WEIHNACHTSBAUM

Siebenzackiger Stern mit Überraschung

Bunt leuchten diese Sterne am Weihnachtsbaum, gefüllt mit süßem Inhalt.

Du brauchst:
Tonpapier in verschiedenen Farben
Band oder Schnur
kleine und große Teller
Bleistift
Schere
Lineal
Klebstoff
Locher
kleine Überraschungen

Diese Sterne haben es in sich. Je nach Größe können darin leckere Bonbons, schöne Überraschungen oder kleine Spielsachen versteckt werden. Allerdings brauchst du für die Herstellung dieses Sterns etwas Übung. Schneide ihn deshalb vorher erst in weißem Papier aus. Diese Sterne können natürlich auch als Adventskalendersterne verwendet werden.

Wie wäre es mit einem ganz großen Stern als Geschenk? Zeichne dazu zwei Kreise mit einem großen Kuchenteller oder einem Eimer auf. Bastle den Stern genauso wie die kleineren.

Viele bunte siebenzackige Sterne haben die drei hier schon gebastelt und aufgehängt. Was sie in den Sternen versteckt haben, bleibt ihr Geheimnis.

113

RUND UM DEN WEIHNACHTSBAUM

Kleine Geschenke, wie beispielsweise diese Bonbons, lassen sich durch eine Zackenöffnung aus dem roten Stern herausschütteln. Der kleine Nikolaus ist an ein Schnürchen gebunden, das aus der Öffnung heraushängt. So kann dann der Beschenkte die Überraschung leicht herausziehen.

Was meinst du, wie sich der Beschenkte über diesen Stern freut, besonders wenn darin das eigentliche Geschenk versteckt ist.

So wird's gemacht:

1. Für den siebenzackigen Stern braucht man zwei runde Scheiben aus Tonpapier: Einen Teller auf dem Tonpapier umranden und den entstandenen Kreis ausschneiden. Für beide Scheiben ist die Arbeitsweise gleich.
2. Die Kreise in der Mitte zur Hälfte, auf ein Viertel und ein Achtel falten. Bei der Achtelfaltung knickst du zwei Papierlagen nach oben und zwei nach unten. Es entsteht eine Zickzackfaltung, die leichter zu schneiden ist.
3. Falte die Spitze nach oben zu dem Bogen und zeichne sie an. Die Spitze sollte in der Mitte des oberen Bogens sein. Du erhältst eine Rautenform, wenn du die angezeichnete Spitze genau ausschneidest. Falte die Sternhälfte auf.
4. Jetzt jede Sternzacke zur Mitte falten und wieder öffnen. Schneide eine Faltlinie bis zur Mitte ein.
5. Klebe an dem Einschnitt zwei Zacken übereinander.
6. Bestreiche eine Sternhälfte innen an den Zacken mit Klebstoff.

Eine Zacke muß frei bleiben. Die zweite Sternhälfte Zacke für Zacke auf die Klebefläche legen und die Spitzen passend zusammenschieben.
7. Die Zacken passen nie genau aneinander, deshalb die Kanten nachschneiden.
8. Die beiden Sternzacken an der Öffnung lochen. Schiebe das kleine Geschenk in den Stern und fädle durch die Lochung ein Bändchen zum Aufhängen.

So verzierst du:

Bastle die Sterne in vielen bunten Farben. Weißes Schreibpapier kannst du noch bemalen. Klebe zwischen die Zacken einen Schweif, und du erhältst einen Kometen.
Der Stern muß zum Herausnehmen der Überraschungen nicht zerteilt werden. Kleine Geschenke lassen sich durch die Zackenöffnung herausschütteln, größere bindet man an ein Schnürchen, das aus der Öffnung heraushängt.

Bunt leuchten diese Sterne am Weihnachtsbäumchen. Sie sind nicht nur eine Freude fürs Auge, sondern auch für den Gaumen, denn sie sind mit süßen Leckereien gefüllt.

RUND UM DEN WEIHNACHTSBAUM

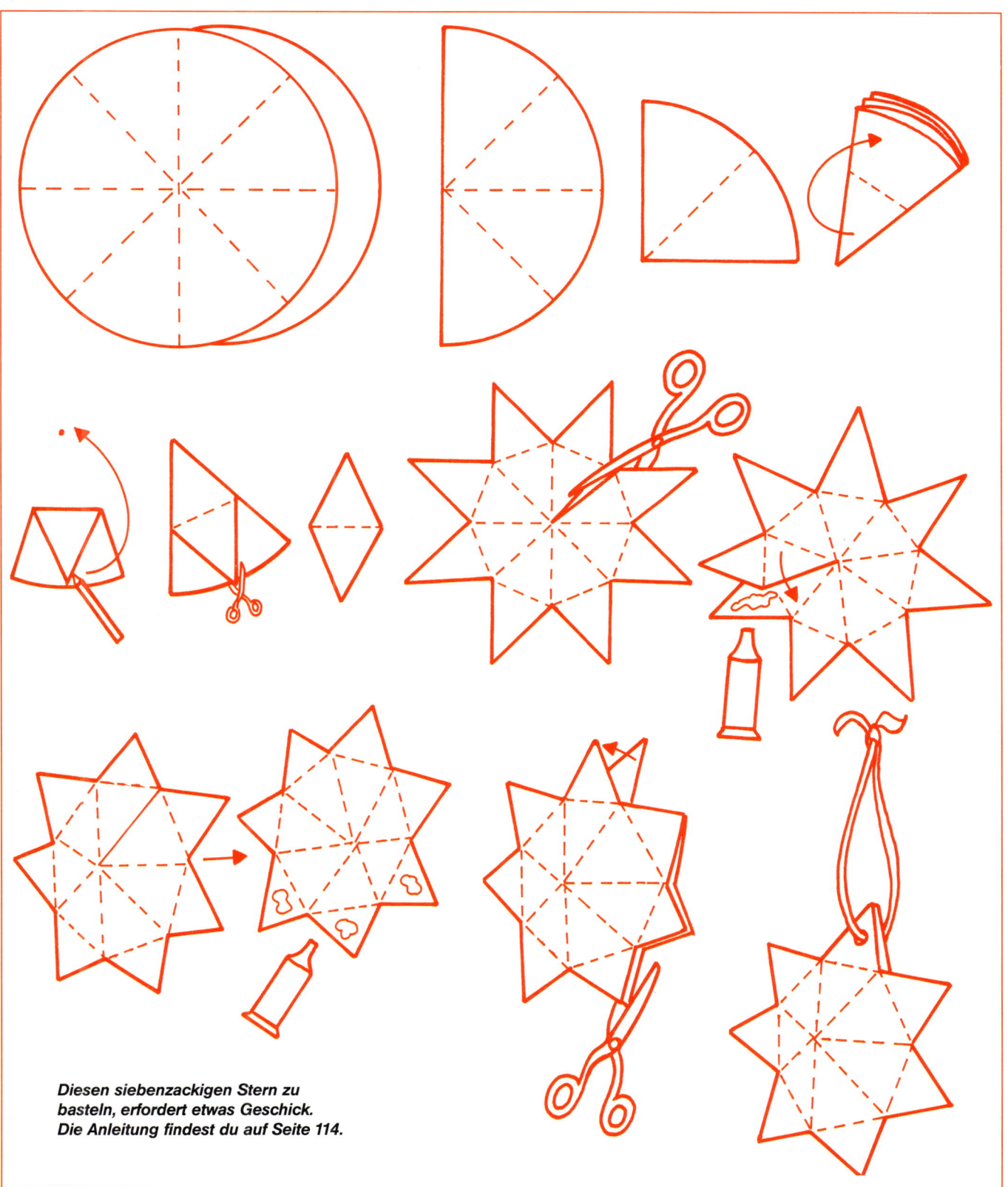

Diesen siebenzackigen Stern zu basteln, erfordert etwas Geschick. Die Anleitung findest du auf Seite 114.

RUND UM DEN WEIHNACHTSBAUM

Zarte Sterne

Wie fein gestaltete Kunstwerke aus Draht wirken diese Sterne.

Du brauchst:
versilberten Draht,
  Durchmesser
  0,8 mm
kleine, bunte Perlen
Wäscheklammer
Seitenschneider
Flachzange
Rundzange
Faden zum
  Aufhängen

Für die Drahtbearbeitung braucht man verschiedene Werkzeuge. Damit du damit auch fachmännisch umgehst, lies dazu Gewußt wie? auf Seite 157 durch.

Diese Sterne kannst du aus vier oder acht Drahtstücken basteln. Probiere beide aus. Für den achtzackigen Stern schneidest du die Drahtstücke 20 cm lang zu.

So wird's gemacht:

1. Zuerst vier 15 cm lange Drahtstücke mit dem Seitenschneider abzwicken.
2. Halte mit der Flachzange zwei Drähte etwas neben der Mitte fest. Spreize die Drahtstücke auseinander. Verdrehe diese beiden Drähte mit Daumen und Zeigefinger ungefähr 3 cm lang. Die anderen beiden Drähte ebenso verdrehen.
3. Jetzt die beiden Drahtmitten kreuzweise übereinander legen und miteinander verdrehen.
4. Die Drahtenden mit den Fingern ausstreifen und in gleichen Abständen ordnen.
5. Jetzt kannst du den Draht mit Perlen schmücken und in verschiedene Formen biegen. Fädle auf jedes Drahtstück eine Perle

oder schiebe zwei Drähte durch eine Perlenöffnung.
6. Verdrehe über den Perlen wieder je zwei Drähte miteinander. Wenn du willst, fädle noch einmal Perlen auf.
7. Zum Schluß biegst du mit der Rundzange die Drahtenden zu hübschen Rundungen.

So verzierst du:

Die Sterne lassen sich prima verändern. Du brauchst nur die Perlen anders auffädeln und die Drähte anders biegen. Auch Bändchen wirken schick.

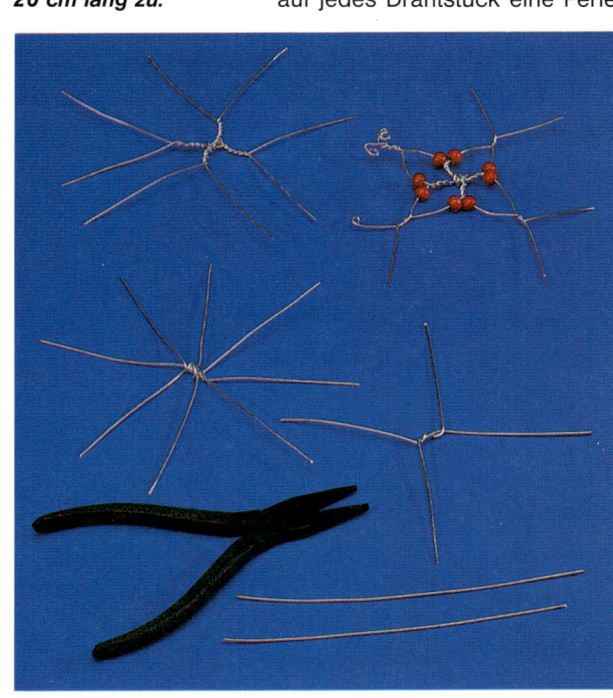

RUND UM DEN WEIHNACHTSBAUM

RUND UM DEN WEIHNACHTSBAUM

Funkelnder Baumschmuck

Diese glänzenden Anhänger aus Metallfolie lassen sich mit der Schere mühelos ausschneiden.

Du brauchst:
Metallfolie, 0,15 mm stark
Zeitungsunterlage oder Bierdeckel
leergeschriebenen Kugelschreiber
Holzstäbchen
evtl. Stricknadel
Schere
Stopfnadel
Faden zum Aufhängen

Vorsicht! Metallfolien haben scharfe Kanten. Entschärfe diese, indem du mit einem Holzstäbchen darüberstreifst. Damit das Metallprägen auch richtig klappt, lies dir *Gewußt wie?* auf Seite 156 durch.

Metallfolien gibt es in verschiedenen Farben. So lassen sich auch viele bunte, funkelnde Figuren prägen. Halte zwischen den Prägungen immer genügend Abstand, sonst wird deine Arbeit überfüllt. Bei der Randmusterung macht sich ein gestrichelter Rand immer gut.
Innen entstehen durch einfache Punkte, Kreise und Striche schon sehr hübsche Muster. Den Vögeln wird ein hübsches Gefieder eingedrückt, beim Mond nur das Auge und der Rand geprägt.

Werden in Metall Muster eingedrückt, spricht man von Prägen. Verschiedene Figuren schmücken hier den Christbaum. Zahlreiche Vorlagen aus diesem Buch eignen sich zum Prägen.

RUND UM DEN WEIHNACHTSBAUM

So wird's gemacht:

1. Übertrage die Vorlagen auf dieser Seite oder zeichne eigene Figuren.

2. Klebe die Zeichnung mit zwei Klebestreifen am Rand der Folie an. Drücke auf einer Unterlage die Rand- und Innenlinien durch. Für Sterne und Herzen eignet sich eine Schablone aus Pappe. Jetzt kannst du die Umrisse mehrmals auf der Folie nachziehen und für das Innere eigene Muster erfinden.

3. Nimm die Papiervorlage ab und schneide die Form aus der Metallfolie grob und dann fein aus. Gehe dabei besonders sorgfältig vor.

4. Drehe die Metallanhänger um und präge auf der Rückseite an den Linien die Muster dagegen. Nicht auf die Linien und Kreise rutschen, sondern am Rand nochmals nachziehen.

5. Auf den Vorlagen ist ein kleiner Kreis für die Aufhängung eingezeichnet.
Bei selbstentworfenen Sachen gehst du so vor: Laß die Figur zwischen Daumen und Zeigefinger hängen und stelle die Mitte fest. In die Stopfnadel einen Faden einfädeln und am oberen Rand durchstechen. Die Stopfnadel ausfädeln und den Aufhängefaden verknoten.

Zusätzliche feine Muster entstehen, wenn du mit der Stopfnadel noch kleine Löcher einstichst. Einzelne Figuren passen gut als Geschenkanhänger. Hier nur den äußeren Rand prägen und innen „Frohe Weihnachten" oder einen Namen daraufdrücken.

RUND UM DEN WEIHNACHTSBAUM

Im Wichtelwald

Aus Kiefernzapfen und einer Holzkugel entstehen diese kleinen Weihnachtswichtel.

Du brauchst:
große und kleine Kiefernzapfen
Holz- oder Wattekugeln, Durchmesser 15–30 mm
evtl. Bucheckern und Haselnüsse
Filz- oder Tonpapierreste
Deckweiß
Filzstifte
roten Buntstift
Watte
evtl. Pelzreste
Faden
Nadel
Klebstoff
Schere
Bleistift

Wichtel Pepito ist ein ganz kleiner Weihnachtswichtel und freut sich schon riesig darauf, auf einem wunderschön geschmückten Tannenbaum zu sitzen.
Seine Freunde sind natürlich auch dabei. Von überall im Wald spitzen diese putzigen Wichtel neugierig hervor.

So wird's gemacht:

1. Suche bei einem Waldspaziergang verschieden große Kiefernzapfen.
Setze geeignete Holz- oder Wattekugeln auf die Zapfen. Klebe mit dicken Klebetropfen die Kugel in die Spitze des Kiefernzapfens und stelle diese beiden Teile in eine Ecke zum Trocknen. Günstig ist, wenn du gleich für mehrere Wichtelfiguren Kopf und Körper zusammenklebst und über Nacht fest werden läßt.
2. Jetzt sitzen die Köpfe fest auf den Zapfen, und die Wichtel können eine Mütze bekommen.

RUND UM DEN WEIHNACHTSBAUM

Unten auf dieser Seite findest du Vorlagen für verschiedene Mützengrößen und einen Umhang. Zeichne dir eine passende Mützengröße ab oder schneide aus einem Kreis selbst eine aus. Lege die Schablone auf einen Filz- oder Tonpapierrest und zeichne die Linien an.
Schneide das Mützenteil aus. Verwende helle Farben, damit sich die Wichtel vom Tannengrün abheben.
3. Klebe die Mütze zu einer spitzen Tütchenform zusammen und laß den Klebstoff trocknen.
Anschließend den inneren Mützenrand mit Klebstoff bestreichen und die Mütze auf den Wichtelkopf plazieren. Es sollte noch genügend Gesicht vom Wichtel zu sehen sein.
4. Für das Gesicht malt man zuerst mit Deckweiß zwei ovale Augen. Nach dem Trocknen die Augen schwarz umranden und innen mit einem kleinen schwarzen Punkt versehen. Nasenspitze, Mund und rosa Backen erhält der Wichtel mit Buntstiften.
5. Entweder der Wichtel steht auf einem Tannenzweig, oder er wird an den Baum gehängt.
Soll der Wichtel als Anhänger dienen, muß durch den vorderen Teil seiner Mütze ein Faden gezogen werden.

So verzierst du:

Manche Wichtel bekommen einen weißen Bart und einen Mützenrand aus Watte oder Pelzresten.
Die Halbkreisform für eine Mütze läßt sich auch als Umhang um den Wichtel kleben.
Mit gold oder weiß angemalten Kiefernzapfen heben sich die Wichtel besser von den Tannenzweigen ab.
Statt einer Filzmütze tragen manche kleine Wichtel auch ein Bucheckerhütchen.

Eine ganze Wichtelfamilie wohnt zwischen Wurzeln und Moos (linke Seite).

Nüsse und Kiefernzapfen

Mit wenigen Handgriffen können einfache Walnüsse und Kiefernzapfen so festlich wirken.

Du brauchst:
Kiefernzapfen
Walnüsse
getrocknete Beeren
Moosstücke oder Islandmoos
kleine Blätter
glänzende Perlen
Wickeldraht
Blumendraht
Schleifen, Bänder
Schere
Steckknetmasse
Seitenschneider
Plakagoldfarbe
Pinsel

Besteckte Kiefernzapfen und geschmückte Walnüsse (rechte Seite) kannst du als Weihnachtsschmuck hübsch verpackt auch verschenken. Sie lassen sich fast zu allem kombinieren und können auch schon in der Adventszeit Zweige und Kränze zieren oder an einem Geschenkpaket hängen.

Fast alle benötigten Materialien für diesen Weihnachtsschmuck findest du draußen in der Natur.

Besteckte Kiefernzapfen

So wird's gemacht:

1. Bemale die Kiefernzapfen mit Gold- oder Silberfarbe und laß sie trocknen.
Die Kiefernzapfen haben eine spitze und eine flache Seite. Drehe unter der flachen Seite einen 20 cm langen Wickeldraht um den Kiefernzapfen. Der Draht soll zwischen die Zapfenteile rutschen. Biege die Drahtenden nach oben zur flachen Seite und verdrehe den Draht zu einer Schlinge.
2. Ziehe durch diese Schlinge ein dünnes Band oder eine Goldschnur zur Aufhängung und verknote die Enden.
3. Drücke außen um den Draht die Steckknetmasse.
4. Stecke kleine Blätter, Zweige, Erlenzapfen und Moosstücke in die Knetmasse. Stengellose Teile können mit Draht eingesteckt werden. Ordne das Gesteck und schmücke es noch mit kleinen angedrahteten Perlen (Ilexperlen) und Sternchen.
5. Als Krönung wird eine gelegte rote Schleife in passender Größe mit Draht in die Knetmasse gedrückt.

So verzierst du:

Schneide kleine Sternchen aus Metallfolie aus und stecke sie in die Knetmasse.
Wer keine spezielle Steckmasse hat, kann auch Plastilin verwenden. Dann können allerdings nur gut haltbare Teile mit Stiel oder spitzem Ende gesteckt werden.
Natürlich können die Kiefernzapfen auch, wie die Walnüsse, nur mit einer Schleife verziert werden. Kleine gekaufte Steckteile, beispielsweise Seidenröschen, Drahtperlen oder Blätter, lassen sich einfach und haltbar um die Drahtbefestigung an den Kiefernzapfen wickeln.

Geschmückte Walnüsse

So wird's gemacht:

1. Mit dem Seitenschneider zwickst du von einem Blumenstieldraht 4 cm lange Stücke ab. Biege diese Drahtteile dann zu einzelne Bögen.
2. Suche Walnüsse, die oben, am dickeren Ende, einen kleinen Abstand zwischen den Schalen aufweisen. Durch diese Stelle lassen sich die Drahtenden in die Walnuß stecken, so daß ein Bogen als Aufhänger sichtbar bleibt. Sichere den Drahtbogen noch mit einem Tropfen Klebstoff. Wenn du willst, bestreiche die Walnuß mit Goldfarbe und laß sie trocknen.
3. Jetzt durch den Drahtbogen ein passendes Bändchen ziehen und die Enden verknoten.
4. Wähle farblich passende Bänder als Schmuck für die Nüsse. Einen 15 cm langen Wickeldraht abzwicken. Von dem Band 30–35 cm lange Stücke abschneiden. Lege das Band zu einer Schleife und umwickle die Mitte mit dem Draht.
5. Wickle den Draht der Schleife um den Drahtbogen an der Walnuß. Schneide die Enden der Schleifen schräg in Form und klebe in die Mitte ein kleines Sternchen zur Verzierung.
Eine Schleife ist die einfachste Verzierung für die Walnuß. Genauso können aber auch zwei Schleifen zusammengedrahtet werden.

RUND UM DEN WEIHNACHTSBAUM

RUND UM DEN WEIHNACHTSBAUM

Spitzenengel

Diese Engel sind aus Kaffeeuntersetzern und Tortenspitzen gebastelt.

Du brauchst:
für die kleinen Engel:
Kaffeeuntersetzer mit Spitzenrand
Holzkugel und Wattekugel, Durchmesser 15 mm
Holzstäbchen
passende Schleife

für den großen Engel:
Runde Tortenspitze in Gold
einen weißen und zwei goldene Kaffeeuntersetzer
Holzkugel und Wattekugel, Durchmesser 5 cm
Metallfolienrest für den Stern
einen Reißnagel
zwei Wäscheklammern

für beide Engel:
Wollhaare
Schere
Klebstoff
Tonpapier in Dunkelrot und Beige
Bunt- und Filzstifte

Der große Engel (oben) wird aus den gleichen Teilen wie die kleinen Engel (unten) zusammengesetzt. Nur bestehen Körper und Arme aus einer geteilten und geviertelten Tortenspitze. Das Engelkleid verstärkst du mit einem Halbkreis aus Tonpapier. Der Halsschmuck besteht aus einem gefalteten Untersetzer. Alle Teile genauso wie bei dem kleinen Engel an den Stab stecken und innen eine Wattekugel ankleben. Die Engelflügel bestehen aus gefalteten Kaffeeuntersetzern. Den Stern am Engelkopf festkleben.

Aus einem weißen und aus einem goldenen Kaffeeuntersetzer schneidest du die Teile für den kleinen Engel aus. Kopf, Halsschmuck und Kleid werden auf ein Holzstäbchen geschoben und innen mit einer angeklebten Wattekugel festgehalten. Für den großen Engel nimmst du eine runde, goldene Tortenspitze. Die Arbeitsschritte sind die gleichen wie beim kleinen. Das Engelkleid verstärkst du mit einem Halbkreis aus Tonpapier. Eine Sternvorlage für den Kerzenhalter findest du auf Seite 129.

So wird's gemacht:

Der kleine Engel wird aus Kaffeeuntersetzern hergestellt.
1. Halbiere einen Kaffeeuntersetzer. Die eine Hälfte schneidest du in der Mitte nochmals auseinander, und du erhältst zwei Viertelstücke.
2. Forme aus diesen Teilen spitze Tütchen und klebe die Kanten zusammen. Das ergibt ein Kleidchen und zwei Arme. Schneide die kleine Spitze von dem Kleid und den Armen ab. Klebe die Arme seitlich an das Kleid.
3. An das stumpfe Ende eines Holzstäbchens die Kugel für den Kopf kleben.
4. Schneide aus einem Kaffeeuntersetzer ein kleines Stück für den Halsschmuck aus. Falte dieses Teil in der Mitte. Stecke den Halsschmuck, das Engelkleid und die Wattekugel an das Stäbchen und schiebe alles hoch, bis unter den Kopf. Damit jetzt nichts mehr nach unten rutscht, die Wattekugel oben im Kleid festkleben.
5. Die Haare aus gekräuselter Wolle oder kurzen Wollfäden an die Kugel aufkleben. Die Hände aus kleinen, rundgeschnittenen Tonpapierstücken innen an den Ärmel kleben.
6. Aus einem halben Untersetzer in Gold zwei Flügel schneiden und ankleben. Das Gesicht mit Filz- und Buntstiften aufmalen.

RUND UM DEN WEIHNACHTSBAUM

Die kleinen Engel wirken besonders reizvoll, wenn du das Holzstäbchen noch zusätzlich mit schwungvollen Schleifen und Sternchengirlanden verzierst. Ein Weihnachtsschmuck, der gut in Sträuße, Gestecke und Blumentöpfe paßt. Wenn du keine goldene Tortenspitze erhältst, male eine weiße mit Goldfarbe an. Du kannst die Flügel auch aus Bastelfolie schneiden.

RUND UM DEN WEIHNACHTSBAUM

Der Mond und die Sterne werden aus Sperrholz ausgesägt und bemalt. Auch ist es sehr wirkungsvoll, solche Formen an einem Holzstab in Blumentöpfe zu stecken. Natürlich wirken sie aufgehängt auch sehr reizvoll.

RUND UM DEN WEIHNACHTSBAUM

Weihnachtlicher Fensterschmuck

Mond und Sterne lassen sich einfach aus Sperrholz aussägen. Der richtige Bastelspaß für alle, die gerne mit Holz arbeiten.

Du brauchst:
eine Sperrholzplatte, 31 x 42 cm, 0,4 mm stark
Laubsäge
Sägeblätter
Sägetischchen
Schraubzwinge
Schleifpapier mit der Körnung 80–240
Plakafarben
breite und dünne Pinsel
schmale Holzleiste, 90 cm lang, etwa 0,5 cm breit
schnelltrocknenden Holzleim
Ringschrauben, Länge 12 mm und Durchmesser 5 mm
Bändchen zum Aufhängen

So wird's gemacht:

1. Übertrage die Vorlagen mit Pergament- oder Kopierpapier auf die Sperrholzplatte.

2. Säge langsam und ohne Druck. Beachte dabei die Haltung der Säge, wie auf Seite 155 gezeigt. Bei den Sternzacken säge an der Spitze mehrmals an der gleichen Stelle. So kommst du mit dem Sägeblatt leichter in die neue Richtung.

3. An den ausgesägten Teilen die Kanten und Ecken mit Schleifpapierstücken glätten. Vor dem Bemalen die Formen gut entstauben.

4. Grundiere zuerst eine Seite von dem Mond und den Sternen mit gelber Farbe. In die Sternspitzen und den Mondrand orangene Farbe streichen. Die gelbe Farbe sollte dafür noch feucht sein. Sobald die Farben trocken sind, die anderen Seiten ebenso bemalen.

5. Das Gesicht des Mondes frei bemalen oder das Auge auf die trockene Mondform pausen. Wichtig ist, das Augeninnere zuerst mit weißer Farbe auszumalen und trocknen zu lassen. Mit Farbe oder schwarzem Filzstift die äußeren Ränder und die Pupille aufmalen. Mit ruhiger Hand ziehst du an den Rändern von Mond und Sternen noch einen Goldrand.

6. Jetzt die Holzleisten auf etwa 40–50 cm abschneiden. Male sie gelb oder gold an. Mit Holzleim hinten an den Sternen ankleben.

7. Der Mond und die Sterne, die hängen sollen, bekommen eine Ringschraube in die Holzkante gedreht. Bei den Sternen drehe sie in eine der Spitzen, bei dem Mond ist auf der Vorlage eine Stelle dafür markiert. Statt der Ringschrauben kannst du auch kleine Nägel oder Haken nehmen. In den Ringschrauben oder um die Nägel das Bändchen zum Aufhängen befestigen.

So verzierst du:

Die Sterne glänzen auch ganz in Gold oder Silber sehr festlich. Besonders hübsch macht sich bei den aufgehängten Sternen ein kleines Schleifchen.
Der Mond schläft am Tag, deshalb male ihm auf einer Seite ein geschlossenes und auf der anderen Seite ein offenes Auge. So kannst du den Mond entsprechend der Tageszeit umdrehen. Diese Sterne eignen sich auch bestens als Kerzenständer.
Bei einer festlich gedeckten Weihnachtstafel dienen die Sterne als Glasuntersetzer. Nur sollten die Sterne dann vorher lackiert werden.
Säge auch einen Kometstern, einen Tannenbaum, Engel und Glöckchen aus Sperrholz aus.

Damit du mit der Laubsäge richtig umgehst, lies Gewußt wie? ab Seite 154 durch.

127

RUND UM DEN WEIHNACHTSBAUM

RUND UM DEN WEIHNACHTSBAUM

Festliche Engel

Ihr Gewand besteht aus Spitzen und Goldbändern.

Du brauchst:
Spitzen und Geschenkbänder, 5 cm breit
Pfeifenputzerdraht in Weiß und Gelb
kleine Perlen
Zahnstocher
Holzkugeln, Durchmesser 12 mm
Wollhaare
goldene Bastelfolie
Stopfnadel
weißen Faden
Lineal
Schere
Klebstoff
Filz- und Buntstifte

Für das Engelkleid ziehst du eine breite Spitze oder ein Geschenkband mit einem Faden zusammen. Die Arme aus Pfeifenputzerdraht um einen Zahnstocher drehen und mit dem Kopf in den Rock stecken und festkleben.

So wird's gemacht:

1. Schneide für jeden Engel vom Band 20 cm lange Stücke ab. Aus diesen Streifen entsteht der Rock.
2. Für die Arme aus Pfeifenputzerdraht 7 cm lange Teile zuschneiden. Brich vom Zahnstocher die Hälfte ab. Wickle den Pfeifenputzer einmal um den Zahnstocher. An die beiden Drahtenden zwei kleine Perlen als Hände ankleben.
3. Fädle einen etwa 30 cm langen Faden in die Stopfnadel. Stich in den oberen Rand des Bandes ein. Laß das Fadenende zweifingerlang hängen. Nähe in kleinen Stichen den Rand entlang. Stich mit der Nadel auf und ab.
4. Die Nadel ausfädeln und die beiden Fadenenden halten. Das Band zu einem Röckchen zusammenschieben und die Fäden fest verknoten.
5. Biege den Rock nach unten in Form. Klebe die Rocköffnung an der Seite zusammen.
6. Den Zahnstocher mit den Armen in den Rock stecken und festkleben.
7. Die beiden Fadenenden wieder einfädeln und durch die Holzkugel ziehen. Die Kugel auf den Zahnstocher stecken und festkleben. Die Fadenenden zu einer Schlinge verknoten.
8. Kurze Wollfäden als Haare aufkleben. Mit Filz- und Buntstiften ein Gesicht aufmalen.
Jetzt nach der Flügelvorlage auf der vorhergehenden Doppelseite goldene Flügel ausschneiden und hinten ankleben.

So verzierst du:

Erfinde eigene Flügelformen und schneide für jeden Engel ein eigenes Flügelpaar aus. Auch kleine Federn eignen sich dafür. Aufgeklebte Glitzersternchen beleben das Engelkleid.
Den Engeln klebst du ein Sternchen mittig auf die Haare und um die Taille noch ein Bändchen.
Diese festlichen Engel hängst du nun an den Weihnachtsbaum.

Diese putzigen Engelchen können sogar ihre Arme aus weißem und gelbem Pfeifenputzerdraht bewegen (linke Seite).

131

WEIHNACHTSKRIPPEN

Orientalische Sperrholzkrippe

Von allen Seiten kommen Menschen mit ihren Tieren, um das Kind in der Krippe zu besuchen.

Du brauchst:
- *5 Platten Sperrholz 31 x 42 cm und 4 mm stark*
- *Schneiderkopierpapier*
- *Bleistift*
- *Lineal*
- *Laubsäge*
- *Sägeblätter*
- *Sägetischchen mit Schraubzwinge*
- *Schleifpapier mit der Körnung 80–240*
- *schnelltrocknenden Holzleim*
- *Plakafarben*
- *Pinsel*
- *Gewebeband*
- *Teelicht*

Das Mittelteil der Krippe wird ausgesägt, bemalt und schließlich mit einer Verzierung versehen.

Eine Krippe wie aus dem Märchen. Mit den Figuren kann man richtig spielen. Sie lassen sich beliebig anordnen und ergänzen. Eine Laubsägearbeit, an der sich große und kleine Bastler beteiligen können. Am besten, ihr helft dabei alle zusammen. Auch kleine Kinder können beim Schleifen und Bemalen helfen. Damit das Laubsägen auch richtig klappt, lies *Gewußt wie?* auf Seite 155 durch.

So wird's gemacht:

1. Übertrage die Vorlagen aus dem Buch mit Schneiderkopierpapier auf das Sperrholz. Verwende möglichst helles Kopierpapier, damit später keine dunklen Spuren auf dem Sperrholz sichtbar bleiben. Es empfiehlt sich, zuerst die Krippenteile auszuschneiden, denn aus den Sperrholzresten lassen sich noch Figuren aussägen.

Für die übrigen Figuren brauchst du allerdings ganze Sperrholzplatten. Kopiere die Figuren nicht alle nacheinander auf das Sperrholz, sonst könnte es versehentlich zu Überschneidungen beim Aufzeichnen kommen. Es reichen zwei bis drei Figuren am Sperrholzrand. Zuerst werden diese ausgeschnitten, danach erst die nächsten aufgepaust.

2. Spanne das Sägeblatt mit den Zähnen zum Griff in die Laub-

WEIHNACHTSKRIPPEN

säge ein. Verwende ein Sägetischchen, das mit der Schraubzwinge am Arbeitstisch befestigt wird.

Säge langsam und ohne Druck die Figuren aus. Beachte die Haltung der Laubsäge, wie sie in *Gewußt wie?* beschrieben wird. Drehe beim Sägen immer das Sperrholzstück, nicht die Säge, sonst reißt das Sägeblatt.

Bei Eckpunkten oder Spitzen säge mehrmals an der gleichen Stelle, dann kann man die Laubsäge leichter in die neue Richtung drehen, und das Blatt klemmt dabei nicht ein.

3. Die Figuren brauchen auch noch jeweils einen Sockel. Damit stehen sie gut und können überall plaziert werden. Zeichne dir dazu drei 2 cm breite Streifen auf ein Sperrholzbrett und säge sie aus. Teile diese Holzstreifen in 7 cm lange Stücke. Für das Kamel braucht man einen größeren Sockel. Schneide dazu einen 9 cm langen Streifen.

Eine andere Sperrholzplatte dient als Boden. Runde dafür mit der Laubsäge die Ecken ab.

4. Jetzt werden die Krippenteile und die Figuren glatt geschliffen. Verwende Schleifpapier von der Körnung Nr. 80–240. Zu grobes Schleifpapier kann zum Absplittern von Holzteilchen führen. Schleife mit kleinen Schleifpapierstücken die Kanten der Teile glatt. Habe etwas Geduld bei dieser Arbeit. Entstaube die Formen öfters und befühle die Kanten mit

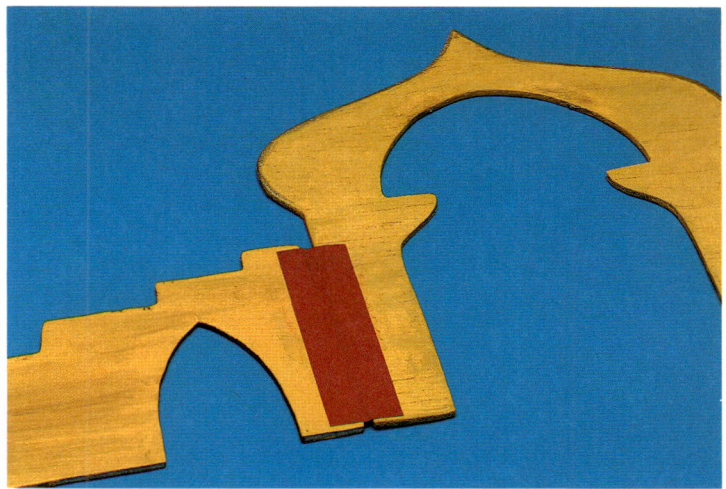

Mittel- und Seitenteil der Krippe werden mit Gewebeband aneinandergeklebt.

Einige Figuren für die orientalische Sperrholzkrippe sind hier versammelt: Maria und Josef, das Kind in der Wiege, die Kuh und der Esel, ein Schaf und eine Palme sowie der Stern von Bethlehem über dem Krippenbogen.

WEIHNACHTSKRIPPEN

den Fingerspitzen, ob sie auch wirklich schön glatt sind. Anschließend werden alle Teile gründlich entstaubt und auf den Sockel geklebt.

5. Bestreiche die untere Kante der Figur mit schnelltrocknendem Holzleim. Drücke diese Kante mittig auf das Sockelbrettchen. Halte die Figur etwa eine Minute lang fest und stelle sie an eine ruhige Stelle, wo der Kleber vollständig trocknen kann. Die weißen Stellen vom Holzleim sind nach dem Trocknen nicht mehr sichtbar. Wenn die Figuren fest sind, bis dahin vergeht mindestens eine Stunde, können sie bemalt werden.

6. Inzwischen fängst du mit dem Bemalen der Krippenteile an. Die Farben auf dem Bild sind Vorschläge. Selbstverständlich kannst du die orientalische Krippe auch ganz nach deinen Farbvorstellungen bemalen. Wichtig ist, daß die Krippenteile zuerst mit einer Farbe grundiert werden. Mische dazu eine Farbe, beispielsweise die Gelbtönung auf dem Foto. Die Farbe sollte nicht zu auffallend sein, damit die bunten Figuren im Vordergrund noch zur Geltung kommen.
Bemale zuerst eine Seite und die Kanten. Laß das Teil auf einer Unterlage trocknen und streiche die nächste Stallseite an. Anschließend die Rückseite des ersten Stücks bemalen.
Zu einer orientalischen Krippe paßt gut eine grün gestrichene Bodenplatte. Im gleichen Grün bemalt man auch die Sockel der Figuren.

7. Jetzt geht's an das Bemalen der Figuren. Die Palme eignet sich dabei als gutes Übungsstück. Grundiere die Tiere mit einer passenden Farbe, beispielsweise Grau für den Esel und Weiß für die Schafe. Bemale bei den Figuren zuerst die großen Teile wie die Mäntel und den Schleier auf Vorder- und Rückseite.

8. Klebe das mittlere Krippenstück mit Gewebeband an die beiden Seitenflügel. Lege dazu die drei Teile mit der Rückseite nach oben vor dich hin. Zwischen den Seitenteilen und dem Mittelstück bleiben knapp 0,5 cm Abstand.
Schneide zwei Gewebebandstreifen in der Höhe der Seitenteile zu und klebe sie, wie auf dem Bild, über die Kanten. Jetzt kann die Krippe aufgestellt werden. Durch den kleinen Abstand zwischen den Teilen lassen sich die Seitenflügel dabei nach vorne drehen.

So verzierst du:

Damit aus der einfarbigen Krippe ein orientalisches Stück wird, muß noch eine Verzierung aufgemalt werden. Gerade Linien um die Eingänge und zusätzliche Bogen- und Wellenmuster machen sich gut.
Einfach und gleichmäßig läßt sich ein Punkterand aufdrucken. Dazu bestreicht man eine Stiftrückseite mit Farbe und stempelt damit ein Muster auf die Krippe. Auch die Kleidung der Figuren läßt sich mit farbigen Rändern verschönern. Für das Gesicht kann die Sperrholzfarbe als Untergrund bleiben. Zwei weiße Punkte für die Augen mit einem Holzstäbchen und Plakafarbe oder Deckweiß auftupfen. Augenumrandung, Nase und Mund am besten mit Filz- oder Buntstiften aufmalen. Die Tiere bekommen in dunkleren Farbtönen zusätzlich Haare.
Der Stern, der den Hirten und den Heiligen Drei Königen den Weg zeigt, wird mit Holzleim in den Eingangsbogen oder neben die Spitze geklebt.
Stelle Maria und Josef mit dem Jesuskind in die Mitte der Krippe. Zünde hinter der Krippe ein Teelicht an. Laß die Hirten und die Heiligen Drei Könige dazukommen und das Kind bestaunen.

Aus schlichtem Sperrholz ist diese morgenländische Krippe entstanden (rechte Seite). Ihr orientalisches Aussehen erhält sie durch aufgemalte und aufgedruckte Verzierungen. Die Heilige Familie fühlt sich in diesem in sanftes Kerzenlicht eingetauchten Zuhause sichtlich wohl.

WEIHNACHTSKRIPPEN

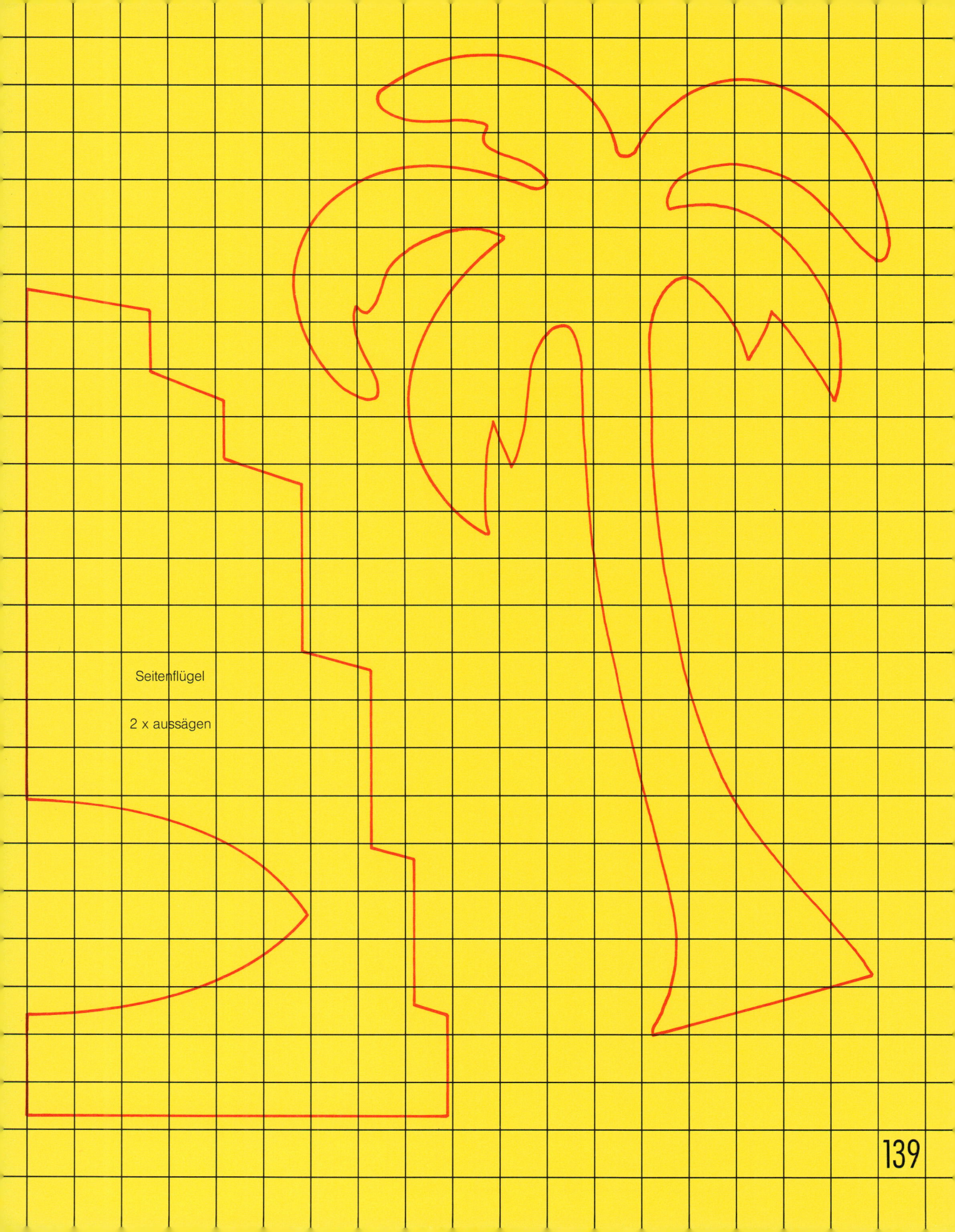

WEIHNACHTSKRIPPEN

Karton wird zur Krippe im Wald

Für diese Steck-Krippe brauchst du nur Karton und Farben.

Du brauchst:
Karton, DIN A4 oder passendes Tonpapier
Schere
Bleistift
Lineal
Klebstoff
Plakafarben
Malkasten oder Buntstifte

Die Krippe und die Figuren werden aus Kartonteilen zusammengesteckt. Wähle schon mal einen Platz aus, wo sie in der Weihnachtszeit stehen soll.

So wird's gemacht:

1. Übertrage die Krippenteile und die Figuren auf den Karton. Falls du keinen dünnen Karton hast, verwende Deckel und Seitenwände von Pappschachteln oder Tonpapier.

2. Schneide die abgepausten Ränder sorgfältig aus und vergiß

Diese wunderschöne Steck-Krippe ist einfach aus Kartonteilen zusammengesteckt und bemalt.

WEIHNACHTSKRIPPEN

Auf dem Bild unten kannst du sehr schön die Einschnittmarkierungen an den Krippenteilen und den Unterkanten der Figuren erkennen. Die unteren Kanten schneide bitte ganz gerade zu.

nicht die Einschnittmarkierungen an den Krippenteilen und den Unterkanten der Figuren. Wichtig ist, daß die unteren Kanten ganz gerade zugeschnitten werden.

3. Damit die Figuren stehen, brauchen sie kleine Kartonteile, die in den Unterkanten kreuzweise eingesteckt werden. Schneide für jede Figur ein solches Teil aus. Für das Jesuskind, den Esel und den Ochsen braucht man zwei dieser Steckteile.

4. Male zuerst die Rückseite der Krippenteile mit einem breiten Pinsel an. Wähle eine Farbe, die auch in den Tönungen der Vorderseite enthalten ist.

Die Vorderansicht des Krippenstalls gestaltest du lebendiger. Bei der Krippe auf dem Bild wurden verschiedene Braun- und Gelbtöne für die Bretter gewählt. Doch du kannst auch eigene Farbideen verwirklichen. Während ein Krippenteil trocknet, bemale schon mal das Stallinnenteil und die Seitenflügel.

Wähle für das Innere des Stalles eine helle Farbe, damit es feierlich aus dem Krippeneingang herausleuchtet. Die Seitenteile können dabei die gleiche Farbe bekommen wie die Außenseite des Stalles.

5. Bemale bei den Figuren zuerst die größeren Flächen wie Umhang, Rückseite oder Schleier. Anschließend gestaltest du mit dünnem Pinsel Hut, Bart, Hände und Gesichter.

Die Tiere grundiert man mit der gewünschten Farbe – beispielsweise Grau für den Esel, Weiß für das Schaf und Hellbraun für den Ochsen. Der Ochse bekommt anschließend weiße Flecken.

WEIHNACHTSKRIPPEN

Beim Esel die Mähne nicht vergessen.

Die Tannenbäume erhalten einen grünen Anstrich und, nach dem Trocknen, einige Schneehäubchen mit weißer Farbe.

Bemale die kleinen Steckteile für die Figuren, Tiere und Bäume in der entsprechenden Farbe.

6. Jetzt steckst du die Krippenteile zusammen.

Lege die Seitenflügel gegenüber und stecke in die hinteren Schlitze das Stallinnenteil. Schiebe das Innenteil soweit nach unten, bis es mit den Unterkanten der Seitenteile abschließt. Sonst den Schlitz etwas weiter einschneiden.

Das mittige Stallteil kommt in die vorderen Schlitze der Seitenflügel. Aufstellen, und fertig ist die Krippe. Die Figuren stehen auf einer Kreuzform. Diese entsteht, wenn du das Kartonteil in den Schlitz an der Unterkante der Teile steckst. Gib etwas Klebstoff an die Steckverbindung.

Ordne die Figuren vor der Krippe an. Klebe an einen Baum den Hirsch und an den Hirten das Schaf. Dadurch stehen auch diese Teile besser.

Wenn du willst, erleuchte deine Krippe mit einem Teelicht zwischen den beiden Stallteilen.

So verzierst du:

Natürlich kann man auch eigene Krippenfiguren zeichnen und ausmalen. Ebenso passen zusätzliche Figuren wie die Heiligen Drei Könige zur Krippe.

Verwende dazu die Vorlagen der vorhergehenden Krippe. Pause dabei die äußeren Linien der Figuren etwas kleiner ab, um den Maßstab zu wahren.

Die Bemalung muß nicht unbedingt mit Plaka- oder Wasserfarben erfolgen. Auch Buntstifte oder Wachsmalkreiden eignen sich dafür.

Wenn du einige Stoffreste zur Verfügung hast, klebe den Figuren ein Kleid aus Stoffstückchen auf. Haare, Bart und Tiere können auch aus Pelz- oder Wollresten aufgeklebt werden.

Eine weitere Gestaltungsmöglichkeit ergibt sich mit Tonpapierresten. Schneide die Figuren aus farblich passenden Tonpapierstücken aus und klebe mit anderen Papierresten die Hüte, die Mäntel und den Bart an. Der Esel wird gleich aus grauem Tonpapier ausgeschnitten und bekommt mit etwas schwarzer Farbe eine Mähne und Augen aufgemalt. Die Figur der Maria schneidet man aus blauem Tonpapier aus und klebt ein Gesicht und Hände auf. Augen, Nase, Mund, Kleiderfalten und Musterungen aufmalen und die anderen Figuren ebenso bekleben.

Das Bild unten zeigt, wie du die Krippenteile zusammensteckst: Lege die Seitenflügel gegenüber und stecke in die hinteren Schlitze das Stallinnenteil. Das mittige Stallteil kommt in die vorderen Schlitze der Seitenflügel. Aufstellen, und fertig ist die Steck-Krippe.

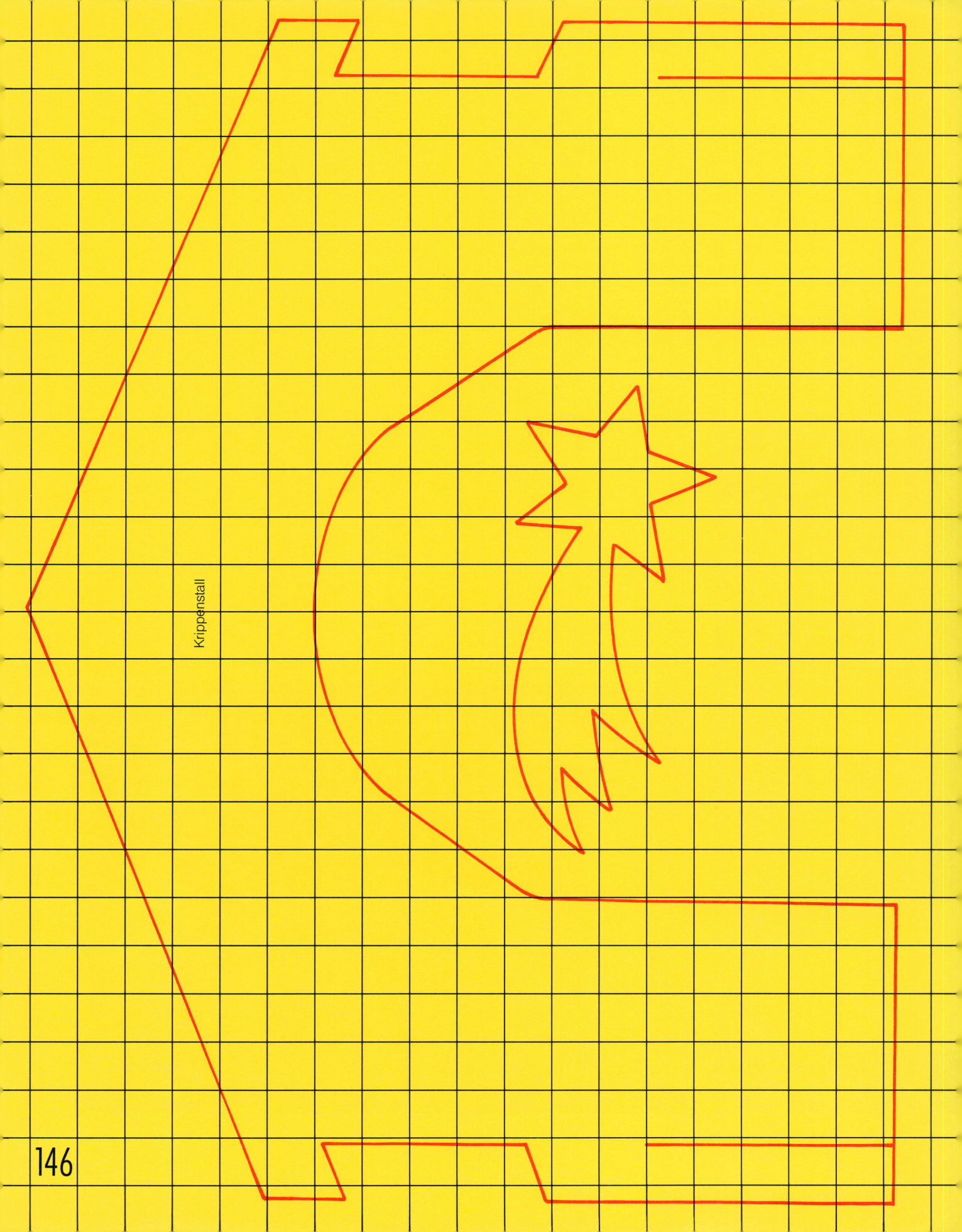

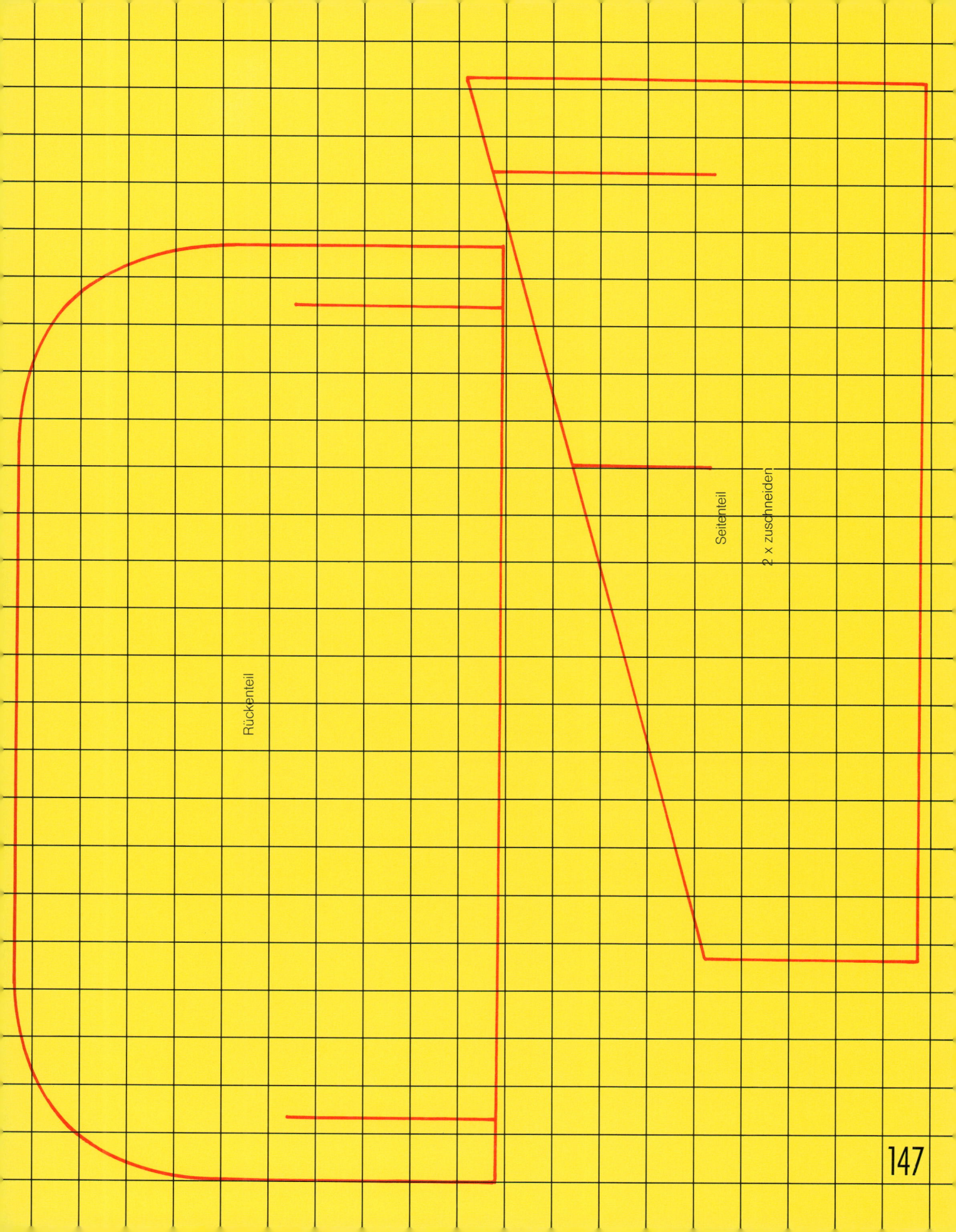

WEIHNACHTSKRIPPEN

Naturkrippe

Diese Weihnachtskrippe aus Wurzeln und Rinde findest du im Wald.

Du brauchst:
Wurzelstücke
Baumrindenteile
Moosflecken
Zweige
großen Schachteldeckel mit schmalem Rand oder Brettunterlage
1 kg rotbraune, lufttrocknende Modelliermasse
Klebstoff
Küchenmesser
Sternförmchen zum Ausstechen
Holzstäbchen
Wasserschale
Schneidebrett
Wellholz oder Rundholzstück
kleines Trinkglas
Plakafarben
evtl. Mattlack

Aus Wurzel- und Baumrindenteilen läßt sich ein schöner, romantischer Krippenstall bauen. Wie die Teile am besten zusammenpassen, bleibt ganz deiner Phantasie überlassen.
Als Figuren eignen sich hervorragend solche aus rotbrauner Modelliermasse, die ebenfalls sehr natürlich aussehen.

Krippenstall
So wird's gemacht:

1. Beim nächsten Waldspaziergang suchst du dir eine Wurzel, etwas Moos und einige Baumrinden für den Krippenstall.
Vergleiche die gesammelten Teile miteinander und nimm die geeigneten mit nach Hause. Jetzt müssen die Stücke gesäubert werden und, wenn nötig, noch einige Tage durchtrocknen.
2. Zuerst braucht man einen Krippenboden, beispielsweise einen großen Schachteldeckel. Frage in einem Schuhgeschäft nach einer großen Schachtel für Stiefel – der Deckel davon müßte passen. Der Rand sollte höchstens 2 cm hoch sein, damit er später nicht auffällt. Oder du schneidest den Rand einer Schachtel bis auf einen solchen schmalen Streifen ab. Auch ein ausgedientes Tablett oder ein breites Brett eignen sich als Krippenboden.
Lege die Moosflecken auf diese Unterlage. Vor den Stall, dort, wo die Figuren stehen, sollte das Moos möglichst eben gelegt werden, damit Maria, Josef und die Hirten nicht umfallen. Am Rand kannst du eine hügelige Mooslandschaft aufbauen.
3. Die Krippe besteht aus einem Wurzelstall und einem Rindendach. Stelle die Wurzel auf den Moosboden und lege eine oder

Die hübsch modellierten Weihnachtsfiguren haben ihren Platz auf dem Moos eingenommen (rechte Seite).

Als Unterlage für die Wurzelkrippe dienen Moosflecken, die du wie hier auf diesem Bild anordnen kannst.

150

WEIHNACHTSKRIPPEN

WEIHNACHTSKRIPPEN

Die Grundform ist für alle Figuren dieselbe. Aus einer Kugel rollst du einen Wulst von etwa 12 cm Länge und 4 cm Dicke. Risse, die beim Rollen in der Modelliermasse entstehen, streichst du mit feuchten Fingerspitzen immer wieder glatt.

mehrere Rinden darüber. Probiere verschiedene Seiten der Wurzel aus, bis sich eine günstige Stallnische ergibt. Die Rinde kann, wie auf dem großen Bild auf Seite 151, quer über die Wurzel gelegt werden.
Zwei Rinden, schräg an die Wurzel gelehnt, ergeben ein spitzes Dach.
An die Stellen, wo die Rinde auf der Wurzel aufliegt, gibst du dicke Tropfen Klebstoff. Laß den Stall, sicher abgestellt ruhen, bis der Klebstoff getrocknet ist und die Teile fest zusammenhält.

Krippenfiguren

Forme hübsche Figuren aus lufttrocknender Modelliermasse.
1. Nimm ein Stück Modelliermasse aus der Packung und verschließe sie wieder. Die Masse trocknet sonst an der Luft aus und wird hart.
Die Grundform ist für alle Figuren dieselbe. Aus einer Kugel rollst du einen Wulst von etwa 12 cm Länge und 4 cm Dicke. Risse, die beim Rollen in der Modelliermasse entstehen, streicht man mit feuchten Fingerspitzen immer wieder glatt.
2. Stelle diese dicke Rolle vor dich hin und drücke unterhalb der Kopfstelle die Modelliermasse zusammen. So erhält man Kopf und Körper. Runde schließlich den Kopf noch etwas ab.
3. Jetzt wird der Umhang für Josef und die Hirten geformt. Rolle dazu ein Stück Modelliermasse etwa 0,5 cm dick aus. Schneide ein Stück dieser Platte ab. Die Figur und die Umhangform mit den Fingerspitzen etwas befeuchten. Den Umhang der Figur um den Hals legen und festdrücken.
Falls der Mantel noch etwas zu groß ist, müssen der Rand oder die Spitzen vorne zugeschnitten werden. Hübsch wirkt es auch, wenn du bewußt Falten in den Umhang legst oder den Rand nach außen umschlägst. Wenn die Modelliermasse spröde und trocken wird, befeuchte die Ränder noch einmal.
4. Den Schleier für die Maria ebenfalls aus einer ausgewellten Platte abschneiden. Biege den Kopf der Maria etwas nach vorne, so daß sie zum Jesuskind hinschaut. Lege den Schleier um ihren Kopf und schlage ihn am Körper etwas nach außen.
5. Josef und die Hirten brauchen noch eine Kopfbedeckung. Natürlich kannst du eigene Hüte und Mützen erfinden, doch hier ein praktischer Vorschlag:
Stich mit einem Glas aus dem Rest der ausgewellten Modelliermasse runde Scheiben für die Hüte aus. Befeuchte den Kopf einer Figur und setze ihr eine solche Scheibe auf. Ziehe die Hutkrempe leicht nach unten und drücke sie in Form. Du wirst sehen, das ergibt tolle Hüte.
6. Stich aus dem Plattenrest noch einen Stern für die Krippe aus. Ein Ausstechförmchen eignet sich gut dafür. Den Kometenschweif des Sterns schneidest du mit dem Messer zurecht und drückst ihn auf der Rückseite an. Wenn du willst, stich noch mehrere kleine Sterne zur Verzierung aus.
7. Die Figuren bekommen Hände aus kleinen, länglich gedrückten Kügelchen. Setze die Hände an passende Stellen, beispielsweise vorne oder seitlich an den Umhang. Die Hände könnten den Mantel zusammenhalten, beten oder einen Hirtenstab festhalten. Bestreiche die Ansatzstellen mit Wasser und drücke die Hände fest an.
8. Das Jesuskind wird aus einem etwa 4 cm langen Wulst geformt. Ein Rest der ausgewellten Modelliermasse eignet sich zum Einwickeln.
Sein Körbchen formt man aus einer handgroßen Kugel. In diese eine Mulde drücken und ausweiten. Den Rand oval formen und glattstreichen.
9. Die Tiere für die Krippe entstehen auch aus einem gerollten Wulst. Dieser wird für den Ochsen größer und dicker gerollt, für das Schaf etwas dünner und kleiner.
Lege den Wulst vor dich hin und biege ein Ende nach oben.
Drücke aus dem Kopfstück eine Gesichtsform für die Nase und das Maul heraus.
Forme aus kleinen Stückchen Modelliermasse Ohren und Hörner für den Ochsen. Befeuchte die Kopfstelle mit Wasser und drücke die Teile fest an.
Das Schaf erhält auf die gleiche Art kleine Hängeohren. Das Maul der Tiere schneidest du mit dem Messer ein und öffnest es leicht. Die Beine werden mit dünnen Rollen unten an den Körper angedrückt und eingeschlagen. Aus einem Rest noch einen Schwanz andrücken und die Figur glattstreichen.

So gestaltest du:

Die noch feuchten Figuren bekommen so ein Gesicht:
Die Augen der Figuren werden mit der stumpfen Seite eines Holzspießes leicht eingedrückt. Ziehe den Mund mit der Spitze des Holzstäbchens. Eine Nase kann aus einem kleinen Kügelchen aufgesetzt werden.

WEIHNACHTSKRIPPEN

Ritze Haare und Bart mit dem Stäbchen oder einem Messer ein. Diese Teile können auch aus kleinen Röllchen aufgesetzt werden. Die Stellen dazu gut befeuchten.

So lassen sich nach Belieben Muster, Falten, Arme und Taschen in die Figur und den Umhang einritzen. Danach müssen die Figuren vier Tage trocknen. Damit sie innen schneller durchtrocknen, stichst du mit einem Zahnstocher am Boden der Figur einige Löcher ein.

Wende die Figuren während dieser Tage öfters, damit sie gleichmäßig trocknen. Falls angesetzte Hüte oder andere Teile nach dem Trocknen nicht halten, können diese auch mit Klebstoff befestigt werden.

Anschließend darfst du mit Plaka- oder Wasserfarbe den Schleier, den Hut, die Decke, den Schal oder auch den Umhang bemalen.

Diese niedlichen Figuren aus rotbrauner Modelliermasse sehen sehr natürlich aus. Mit ihren großen Augen und dem leicht geöffneten Mund blicken sie freundlich und staunend in die Welt.

GEWUSST WIE?

Tips und Technik

Hier gibt's wichtige Informationen, die dir das Basteln erleichtern.

Für die Bastelarbeiten brauchst du besonders häufig:
Bleistift
Schere
Lineal
Klebstoff
Seitenschneider
Tonpapier
weißes Schreibpapier
Kartonbogen
Plakafarben
dünne und breite Pinsel

Lies dir vor dem Bastelbeginn die Arbeitsanleitungen genau durch. Decke den Arbeitsplatz mit alten Zeitungen ab. Sobald du mit Farben hantierst, schütze deine Kleidung mit einer Schürze oder einem alten Hemd. Lege immer einen Lappen bereit, falls einmal etwas umkippt.
Sammle Naturmaterialien, beispielsweise gepreßte Blätter und Blumen, getrocknete Beeren, Zweige, Kiefernzapfen, Buchekkern, Walnüsse, Moos, Wurzeln, Rinde, leere Streichholzschachteln, Holzstäbchen und Holzspieße, ausgeschriebene Kugelschreiber, einzelne Stricknadeln, Blechdosen, Kerzenreste, Joghurtbecher, Packpapier und Geschenkpapierreste, Bänder und Schleifen.

Vorlagen übertragen

Es gibt in diesem Buch zahlreiche Vorlagen in Originalgröße, die das Basteln erleichtern.
Die Größe kann natürlich auch beliebig verändert werden. Die Vorlagen sind nicht nur für das jeweilige Thema verwendbar. Viele eignen sich auch für andere Bastelideen. So dienen alle Schablonen als Zeichenhilfe bei den Bastelarbeiten. Diese Vorlagen müssen natürlich zuerst vom Buch auf das Papier, das Holz oder den Karton kopiert werden. Hier zwei Möglichkeiten, Vorlagen abzupausen:

1. Pergamentpapier

Dieses durchscheinende Papier gibt es in Schreibwarengeschäften zu kaufen. Statt Pergamentpapier kann man auch Butterbrotpapier verwenden.
Das Papier auf die gewünschte Vorlage legen. Papier und Buchseite mit zwei Büroklammern zusammenhalten, dann kann das Pergamentpapier nicht mehr verrutschen.
Mit einem weichen Bleistift die Linien nachzeichnen. Kontrollieren, ob auch keine Markierung vergessen wurde.
Das Pergamentpapier von der Buchseite abnehmen und den nicht benutzten Papierteil von der Zeichnung abschneiden.
Wende das Pergamentpapier und lege es passend auf den Karton, das Sperrholz oder das Tonpapier. Die Bleistiftlinien liegen dabei unten.
Die Linien mit dem Bleistift noch einmal nachziehen. Drücke dabei etwas fester auf. Die Vorlage wird jetzt auf den Untergrund durchgedrückt. Bevor man das Pergamentpapier abnimmt, wieder kontrollieren, ob auch alle Striche nachgezogen sind.
Jetzt kann das Motiv ausgeschnitten werden.

2. Schneiderkopierpapier

Das Schneiderkopierpapier erweist sich als besonders praktisches Pauspapier. Während beim Übertragen mit blauem Kohlepapier leicht Farbflecken entstehen, läßt sich mit Schneiderkopierpapier sauber und großflächig auf vielen Untergrundmaterialien arbeiten.
Schneiderkopierpapier gibt es in Kurzwarengeschäften.

Das Bild unten links zeigt, wie du Vorlagen aus dem Buch mit Pergamentpapier abpaust.

Eine Packung Schneiderkopierpapier (unten rechts) enthält immer mehrere Bogen, in den Farben Blau, Gelb und Weiß. Zum Abpausen auf hellem Untergrund kein dunkles Papier verwenden. Die Linien sollen nicht zu kräftig sein, sonst können sie beim Bemalen nicht verdeckt werden. Die färbende Seite des Kopierpapiers auf den Untergrund legen. Darüber die Buchvorlage oder die Zeichnung legen und mit Büroklammern befestigen. Mit Bleistift auf der Vorlage die Linien nachziehen. Überprüfe, ob auch alle Striche eingezeichnet wurden. Das Motiv kannst du jetzt direkt auf Karton, Papier oder Holz übertragen und ausschneiden.

Basteln mit Sperrholz

Dünneres Sperrholz empfiehlt sich für Laubsägeanfänger. Es läßt sich leichter sägen.

Balsaholz ist ein besonders leichtes Holz, das ohne größeren Kraftaufwand zu bearbeiten ist. Die Stärke des Holzes müßte wegen der Leichtigkeit etwas dicker sein.

Vorlagen übertragen

Die Zeichnungen aus dem Buch mit Schneiderkopierpapier auf das Holz übertragen. Die beschichtete Seite des Kopierpapiers liegt auf dem Sperrholz. Dabei darauf achten, daß alle Rand- und Innenlinien durchgedrückt werden.

Laubsägearbeiten

In die Laubsäge muß ein Sägeblatt straff eingespannt werden. Das Sägeblatt am besten zu zweit einspannen.
Einer drückt den Laubsägebogen zusammen, und der andere legt das Sägeblatt zwischen die Halterung.
Beachte: Die Zähne des Sägeblattes zeigen immer zum Griff!
Zuerst die Seite ohne Griff, dann die Flügelschraube beim Griff gut zudrehen.
Das Sägetischchen mit der Schraubzwinge an einer Tischkante befestigen. Säge immer mit Sägetischchen aus.
Das Sägeblatt steht senkrecht zum Sperrholz. Halte den Sägebogen immer gerade zu deinem Unterarm. Nicht schräg kippen.
Die Ränder der ausgesägten Teile mit Schleifpapier glätten. Entstaube die Figur und bemale sie mit Farben.

Du brauchst:
Sperrholz, 4–8 mm stark oder Balsaholz 5–10 mm stark
Schneiderkopierpapier
Pergamentpapier
Bleistift
Laubsäge
Sägeblätter mit Zacken
Sägetischchen
Schraubzwinge zum Festhalten des Sägetischchens
Schleifpapier für Holz mit einer Körnung von 80–240

Beim Basteln mit Sperrholz überträgst du zuerst die Zeichenvorlage mit Schneiderkopierpapier auf eine Sperrholzplatte (oben links).

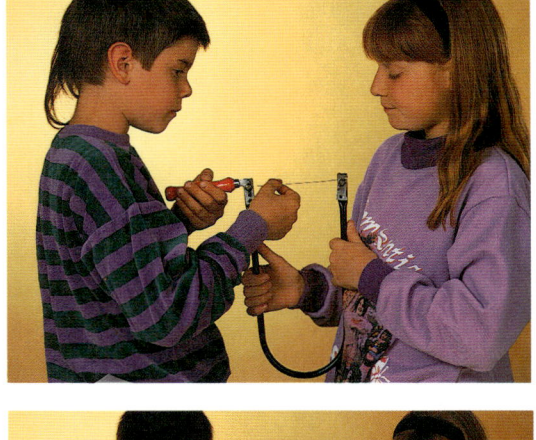

Ein Sägeblatt spannt ihr am besten zu zweit straff in die Laubsäge ein (oben rechts).

Säge immer mit Sägetischchen aus. Halte dabei den Sägebogen immer gerade zu deinem Unterarm. Säge langsam und ohne Druck. Das Sperrholz drehen, nicht das Sägeblatt (unten links).

Die Ränder der ausgesägten Teile glättest du nun mit Schleifpapier. Dieses gibt es in unterschiedlich rauhen Oberflächen. Man spricht hier von Körnung. Für diese Schleifarbeit eignet sich eine mittlere bis feine Körnung von 80-240 (unten rechts).

GEWUSST WIE?

Basteln mit Metallfolie

Du brauchst:
Metallfolie
0,15 mm stark
bei der Verwendung
echter Kupferfolie
noch Zaponlack
größere Schere
Zeitungsunterlage
ausgeschriebenen
Kugelschreiber
Holzstäbchen oder
Holzspieße
dicke Plastikstrick-
nadeln
dicke Stopfnadel

Metallfolie gibt es in verschiedenen Farben und Stärken in Bastelgeschäften, im Heimwerker- oder Künstlerbedarf zu kaufen. Es handelt sich hier um eine Folie aus Aluminium, die mit einer dünnen Farbschicht versehen ist.
Bei der Verwendung von echter Kupferfolie muß das fertige Stück immer mit einem Metallack bestrichen werden.
Kupfer, ungeschützt, wird an der Luft dunkel.

Vorsichtsmaßnahmen

Die Metallfolie hat scharfe Kanten, an denen man sich leicht verletzen kann. Streife mit einem Holzstäbchen am Rand der Folienkanten entlang, dadurch sind diese etwas entschärft.
Eine Randmusterung mit senkrechten Strichen ist die beste Sicherung. Die Metallreste nie mit der Hand vom Tisch wischen. Spitze Reste immer mit dem Handbesen aufkehren.

Prägen auf Metallfolie

Die Zeichnung aus dem Buch wird auf Pergamentpapier übertragen oder mit Schneiderkopierpapier abgepaust. Bei einfachen Formen benutze eine Pappschablone.

Diese platzsparend auf die Folie auflegen. Die äußeren Ränder mit einem Kugelschreiber oder einer Stricknadel nachziehen. Die Form ausschneiden.
Bei Figuren mit Mustern die Vorlage aus Papier oder Pergamentpapier mit Klebestreifen auf die Folie kleben. Selbstverständlich können so auch eigene Zeichnungen auf die Metallfolie geprägt werden.
Die Metallfolie auf eine dicke Zeitungsunterlage oder einen Karton legen. Auch Bierdeckel eignen sich. In die einfachen Formen freie Muster prägen, beispielsweise Punkte, Kreise, Linien und Striche.

Zuerst entschärfst du die Kanten, indem du mit einem Holzstäbchen über die ausgeschnittenen Metallfiguren streichst.

Als Umrißvorlage für einfache Formen eignet sich eine Pappschablone. Bei Figuren eine Vorlage aus Papier oder Pergament auf die Folie legen (oben rechts).

Auf einer dicken Unterlage prägst du Muster in die Folie ein (unten links).

Vorlage wegnehmen, Metallfolie umdrehen und die Ränder der Musterung nachziehen (unten rechts).

GEWUSST WIE?

Basteln mit Draht

Drähte zwickst du mit dem Seitenschneider ab. Mit den Drahtenden andere nicht verletzen!

Drähte gibt es in verschiedenen Stärken und Metallarten. Die hier angegebenen Drähte können von Kindern ganz gut bearbeitet werden.
Vorsicht: Bei den Drahtarbeiten aufpassen, daß die Drahtenden niemanden verletzen.

Handhabung der Drahtwerkzeuge

Die gewünschte Drahtlänge mit dem Lineal abmessen und mit dem Seitenschneider abzwikken. Manche Flachzangen haben in der Mitte auch ein Seitenschneiderteil. Diese nennt man dann Kombizangen.

Lege beim Halten der Zangen immer die beiden letzten Finger zwischen die Griffe, dadurch wird die Zange beweglich gehalten.
Für die Drahtbearbeitung sollte man diese Zangen kennen:
Die Enden der Flachzange sind flach. Mit der Flachzange hält man die Drahtteile fest und biegt saubere Ecken. Die Spitzen der Rundzange sind gerundet. Mit der Rundzange biegt man Rundungen und die Drahtenden nach innen.
Für viele Anhänger in diesem Buch sind Haken ganz nützlich. Kleine Haken mit der Rundzange biegen. Für große Haken eignet sich die Flachzange.

Du brauchst:
**versilberte Drähte in den Stärken 0,8–1,0 mm
Blumenstieldraht grün beschichtet in 0,8 mm Stärke
Lineal
Seitenschneider
Flachzange
Rundzange
Holzstäbchen**

Mit der Flachzange biegst du Ecken, mit der Rundzange Rundungen (oben links).

Kleine Haken biegst du mit der Rundzange ein, größere mit der Flachzange (rechts).

Wenn Drähte miteinander verdreht werden, hältst du diese mit der Flachzange fest (unten links).

Mit der Rundzange drehst du Rundungen schneckenförmig ein (unten rechts).

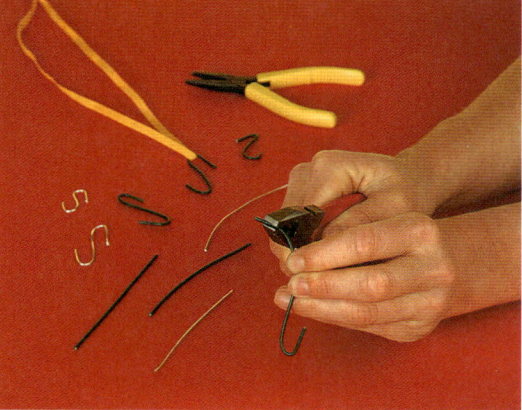

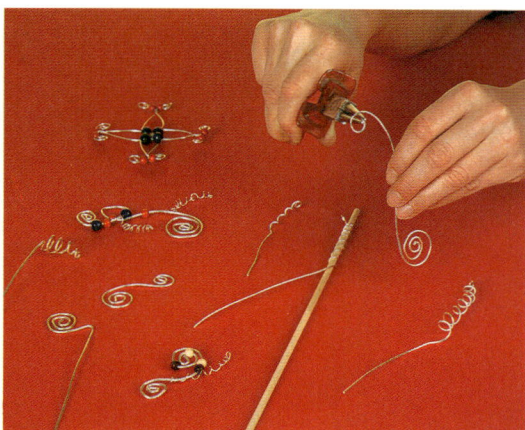

157

Die Deutsche Bibliothek – CIP-Einheitsaufnahme

Kinderleichtes Weihnachtsbasteln
Schritt-für-Schritt-Anleitungen; mit Vorlagen in Originalgröße / Christina Pfeiffer. – Augsburg: Augustus-Verl., 1993
ISBN 3-8043-0250-5

Hinweis für Eltern und Erzieher
Die Bastelvorschläge in diesem Buch wurden in erster Linie zu dem Zweck erdacht, Kindern Freude und Spaß zu machen. Wir haben alles auf Sicherheit und Gelingen überprüft. Nehmen Sie sich Zeit für die jungen Künstler, sooft sie können. Sie werden Ihre Hilfe und Unterstützung beim Lesen und Erlernen neuer Techniken und Fertigkeiten gern in Anspruch nehmen und sich über die Chance freuen, Ihnen ihre Arbeiten zu zeigen und mit Ihnen darüber zu sprechen. Kinder brauchen Zuspruch und Aufmerksamkeit, und unsere Ideen für das Basteln in der Vorweihnachtszeit schaffen vielfach Gelegenheit für beides.

Das Werk einschließlich all seiner Teile ist urheberrechtlich geschützt. Jede Verwertung außerhalb des Urheberrechtsgesetzes ist ohne Zustimmung des Verlages unzulässig und strafbar. Das gilt insbesondere für Vervielfältigungen, Übersetzungen, Mikroverfilmungen und die Einspeicherung und Verarbeitung in elektronischen Systemen.
Es ist deshalb nicht gestattet, Abbildungen dieses Buches zu scannen, in PCs oder auf CDs zu speichern oder in PCs/Computern zu verändern oder einzeln oder zusammen mit anderen Bildvorlagen zu manipulieren, es sei denn mit schriftlicher Genehmigung des Verlages.

Die im Buch veröffentlichten Ratschläge wurden von Verfasser und Verlag sorgfältig erarbeitet und geprüft. Eine Garantie kann dennoch nicht übernommen werden. Ebenso ist eine Haftung des Verfassers bzw. Verlages und seiner Beauftragten für Personen-, Sach- und Vermögensschäden ausgeschlossen.

Jede gewerbliche Nutzung der Arbeiten und Entwürfe ist nur mit Genehmigung von Verfasser und Verlag gestattet.

Bei der Anwendung im Unterricht und in Kursen ist auf dieses Buch hinzuweisen.

Umschlaggestaltung: Christa Manner, München

AUGUSTUS VERLAG AUGSBURG 1993
© Weltbild Verlag GmbH, Augsburg
Idee, Konzeption, Produktion:
topic Verlag GmbH, Karlsfeld bei München
Druck: Appl, Wemding
Printed in Germany
ISBN 3-8043-0250-5